大展好書 好書大展
品嘗好書 冠群可期

大展好書　好書大展
品嘗好書　冠群可期

武學名家典籍校注16

李存義三十六劍譜

李存義 著
閻伯群 李洪鐘 校注

大展出版社有限公司

出版人語

武術作為中華民族文化的重要載體，集合了傳統文化中哲學、天文、地理、兵法、中醫、經絡、心理等學科精髓，它對人與自然和諧共生關係的獨到闡釋，它的技擊方法和養生理念，在中華浩如煙海的文化典籍中獨放異彩。

隨著學術界對中華武學的日益重視，北京科學技術出版社應國內外研究者對武學典籍的迫切需求，於二〇一五年決策組建了「人文・武術圖書事業部」，而該部成立伊始的主要任務之一，就是編纂出版「武學名家典籍」系列叢書。

入選本套叢書的作者，基本界定為民國以降的武術技擊家、武術理論家及武術活動家，而之所以會有這個界定，是因為民國時期的武術，在中國武術的發展史上占據著重要的位置。在這個時期，中、西文化日漸交流與融合，傳統武術從形式到內容，從理論到實踐，都發生了巨大的變化，這種變化，深刻干預了近現代中國武術的走向。

這一時期，在各自領域「獨成一家」的許多武術人，之所以被稱為「名人」，是因為他們的武學思想及實踐，對當時及現世武術的影響深遠，甚至成為近一百年來武學研究者辨識方向的座標。這些人的「名」，名在有武術的真才實學，名在對後世武術傳承永不磨滅的貢獻。他們的各種武學著作堪稱為「名著」，是中華傳統武學文化極其珍貴的經典史料，具有很高的文物價值、史料價值和學術價值。

目前，「武學名家典籍」叢書，已出版了著名楊式太極拳家楊澄甫先生的《太極拳使用法》、《太極拳體用全書》；一代武學大家孫祿堂先生的《形意拳學》《八卦拳學》《太極拳學》《八卦劍學》《拳意述真》；武學教育家陳微明先生的《太極拳術》《太極劍》《太極答問》；楊式傳人代表人物董英傑先生的《太極拳釋義》。本套《李存義武學校注》收錄並校注了一代形意宗師、中華武士會奠基人李存義先生傳世的《岳氏意拳五行精義》《岳氏意拳十二形精義》《三十六劍譜》《五行連環拳譜合璧》《八字功》《五行劍》《連環劍》《梅花劍》《三才劍》《三合劍》等多本拳械功譜。

李存義的形意拳特點鮮明，兼有河北、山西形意拳的傳承特徵，融合了八卦掌、太極拳的一些技法風格，部分動作還保留了外家拳械套路的影子。李存義先生的武學著述，在我國形意拳發展史上占有極其重要的地位，它在奠定河北形意拳理論基礎的同時，也促進了民國時期武術黃金時代的到來。

需要特別提示的是，《岳氏意拳十二形精義》原文中有一些注明需參照《岳氏意拳五行精義》的內容，為便於理解，建議讀者配套購買。

這些名著及其作者，在當時那個年代已具有廣泛的影響力，而時隔近百年之後，它們對於現階段的拳學研究依然具有指導作用，依然被太極拳研究者、愛好者奉為宗師，奉為經典。對其多方位、多層面地系統研究，是我們今天深入認識傳統武學價值，更好地繼承、發展、弘揚民族文化的一項重要內容。

本叢書由國內外著名專家或原書作者的後人以規範的要求對原文進行點校、注釋和導讀，梳理過程中尊重大師原作，力求經得起廣大讀者的推敲和時間的考驗，再現經典。

「武學名家典籍校注」，將是一個展現名家、研究名家的平台，我們希望，隨著本叢書的陸續出版，中國近現代武術的整體風貌，會逐漸展現在每一位讀者的面前；我們更希望，每一位讀者，把您心儀的武術家推薦給我們，把您知道的武學典籍介紹給我們，把您研讀詮釋這些武術家及其武學典籍的心得體會告訴我們。我們相信，「武學名家典籍校注」這個平台，在廣大武學愛好者、研究者和我們這些出版人的共同努力下，會越辦越好。

序

天津本燕趙之區，豪俠氣象素號恢閎。所惜地域促狹，兼之開發較晚，武術難謂發達。然津埠肇自軍衛，又允為漕運碼頭，六百餘年以來，尚武風習亦自不磨。迨至晚近，以海疆門戶故，頻遭列強凌夷，外侮內憂，交錯相襲，津民得有切膚之痛。國事危殆，民力疲乏，所謂強國強種，迫在眉睫之間，武術一事乃大興焉。

學人闡繹民國武術之盛，例稱「南有精武門，北有武士會」，此說推源雖未必久遠，然要亦契合實情。而精武門之霍元甲，武士會之李存義，兩位民國武林巨擘，均與天津關係密切。

霍氏生於津南小南河村（今屬西青區精武鎮），舊居暨墓園業已修葺如故，允為武林豪英瞻拜之聖地；李氏雖非津人，然所啟之中華武士會則肇自津門，其後影響乃漸及江南塞北。

壬辰仲秋之月，余輯錄《中華武士會百年紀念集》，撰有簡短「編後記」，以為民間之武術研究，毋論宏觀微觀問題均繁，若擬不斷提高層次，真正進入學術領域，還要走很長的路：

「一是消除門派之爭和畛域之見，武門人士和專家學者能坐在一起，真正心平氣和地研究探討問題；二是對既有武學典籍進行科學整理出版，對各門各派秘不外傳的文獻進行大力挖掘並公之於眾；三是堅持實事求是，對本門本派歷史不誇飾，不溢美，更不能無中生有混淆視聽，同時對既有之混亂正本清源，辨偽存真；四是口述資料的採集，方法要規範和科學，不能羼入非學術的東西，否則難於真正進入研究的大雅之堂；五是提高研究者和愛好者的整體文化素質，同時不斷拓寬學術視野；六是適時成立有關研究組織和基金會等，對相關學術研究進行推動和扶植。」

所云大體涉及兩個方面——武術發展和武學研究。這些都是隨記所思，現在看來頗為雜沓。然而將近四年過去，種種亂象可謂依然。這些問題的存在，不僅限制了武學研究的深度和廣度，也制約了武術發展的傳承和創新。

兩個月之前，伯群先生傳來《李存義武學輯注》書稿，希望我寫幾句話冠諸篇首。我於武術並武學都是外行，遠無置喙其間的資格；然而我與伯群先生，與李存義及中華武士會，與天津歷史文化研究，有種種扯不清的因緣，使得我沒有藉口來拒絕。《李存義武學輯注》所錄李存義武學著述，泰半完成於李氏寓津期間，由其弟子杜之堂、董秀升等襄助整理。《李存義武學輯注》文獻來源清楚，真偽辨析明確，史料去取精審，整理方法得當。準此，本書之價值和意義，非但為津門武學添增光彩，或亦可視作改變某些亂象之契機，至少可說是一次示範性實踐。

北京科學技術出版社面對洶湧商潮，不惟浮名，不計錙銖，慨然將《李存義武學輯注》納入「武學名家典籍叢書」梓行，此類成果若能日累月積，無論對武術發展還是武學研究來說，都是一件非常幸運的事。

丙申端午後三日

杜魚草於沽上四平軒

（杜魚，原名王振良，天津市著名文史專家、今晚報社編輯）

導　讀

清末民初，中國武術處於歷史發展的勃興期，湧現了以傳統哲學名詞命名，並以哲理闡發拳理的拳術和拳派。清晚期，以太極學說立論的太極拳，以八卦學說立論的八卦掌，以五行學說立論的形意拳，不斷演進，活躍在燕趙大地。作為內家拳重要拳種的河北形意拳，在長期的發展過程中，融會和吸取了地域人文環境和自然環境的營養，形成了獨特的技術風格和深厚的文化內涵，成為「源流有序、拳理明晰、風格獨特、自成體系」的優秀拳種。

形意拳源自心意六合拳，始於明末，盛行於晚清，為明末清初山西蒲州人姬際可所創。姬際可擅長「心意把」，尤精槍法，據說他在終南山見鷹熊相搏，心有所悟，於是變槍為拳，編創新法，並尊民族英雄岳飛為始祖。

姬際可門下，分成河南、山西、河北三大派系，分化成不同的名字傳承，包括心意六合拳、心意拳、形意拳等。傳承譜系上，姬氏傳曹繼武；曹又傳山西戴龍邦、河南馬學禮；戴龍邦再傳河北深州李洛能。李洛能根據拳術的原理原則及特點，反覆實踐，對心意六合拳進行了大膽的改革創新，衍化出新拳種「形意拳」。李洛能傳郭雲深、劉奇蘭、宋世榮、車毅齋等，在河北和山西兩地傳承。在河北，以郭雲深、劉奇蘭為代表，被稱為河北派形意拳。

清末民初，河北派形意拳發展最為迅猛。在形意拳的第三代，以李存義為代表的武術家開始把這種風格簡約、融技擊與健身為一體的內家拳法傳播到京津等大城市，在北方地區普及，直至輻射全國，進入軍隊、學校，形成當時全國影響最大的拳種。

形意拳在近代歷史上的巨大社會效應，與李存義等武術家站在時代激變的潮頭，追求強國強種、武術救國的夢想密不可分，也與其個人叱吒武林的風範、高尚的武德修養息息相關。李存義之於形意拳，乃至形意八卦，堪稱承上啟下、奠定基業的一代宗師。

李存義小傳兩種

李存義誕生於清道光二十七年（一八四七年），是形意拳肇始初期以鄉邦傳承為主的深縣籍拳家，與前輩拳師一樣，均因家貧無資入塾，而以習武謀生。因缺少文化，李存義自己留下的生平文字極少，且武術作為民間活動，很少見載於官方史料，再加上年深代遠，僅有的一些文獻和口傳資料逐漸湮滅，儘管曾經是一位在武術史上產生過偉大影響的人物，其事蹟也顯得極為疏略。

現存李存義小傳兩種，均為其隨身弟子撰寫，可資採信。民國二年，李存義攜弟子郝恩光、李彬堂、李子揚等執教於中華武士會本部，擔任教務主任，開始編纂形意教科書。他與弟子黃柏年編錄了《五行拳譜》一部。

此書為手抄本，現藏於天津市河北區檔案館，《武魂》雜誌根據此版本整理後發表。其序文部分介紹了形意拳的源流、中華武士會的創會歷史，涉及李存義的生平事蹟，此為李存義小傳之一種。

《五行拳譜》序

（原譜現存第一頁）□□□□拾年，時東洋□□□命劉□□□征東總師。其年臘月，在京城靖摩寺招考武士，得第一名總教習，隨營教授將佐。抵金陵，公任為兩江督□□總，止仕歸籍後，友人邀在保□□□萬通鏢局，公為該局之局長□□□□□□□□英雄之佳□□□□□□□□之規模。

（原譜現存第二頁）孫□□□□□□□□□公雖財政□□□□□□揚燕趙之士，咸知李公武技道德過人。至庚子變亂，鄭州諸門人歡迎抵鄭，挽留十餘載，收徒甚廣。宣統三年冬月

《五行拳譜》殘本

歸籍。民國元年天津組織中華武士會本部，舉公為本部總教員。二年春二月，因南北意見有歧，政府委任王芝祥君為江西宣撫使，請公腹心從事，又命公為江西司令部總教員。續在金陵、上海等處□□□□提倡武風。抱定國民轉□□□□□□至□□□□□□。

（原譜現存第三頁）予幼愛習拳術，初本為強身練習，繼乃成技藝門中人也。然雖若此，於技藝中，余終不知其究竟。復貿易云□所□□□□□丑春月，經王君維忠介紹於李存義夫子門下。公待遇篤誠，指教眞功。余天性魯鈍，惟克（刻）苦功勤，後稍得堂室門徑。民國元年，天津組織中華武士會，邀余為本部教員。雖技業淺薄，而授處之間，膜得我為成贊（此句難認，恐用字有訛錯）。是李公一世之春暄（暉），難以我報。又蒙假以拳劍諸譜，其中語言深奧，唯恐初學者有弗明通之處。余等故解釋數篇，為初學者辱覽。

……

第四章形意拳歷史。此功自達摩祖為始。初，祖靜坐山林，觀其龍、虎、諸雞彼此相鬥，各有所長。祖睹其形勢，又以五拳為母，遂悟出十形，前文敘明，故不再錄。至宋朝岳武穆王以得此異術，又增二形，鷹、熊是也，至今河南湯陰縣岳家專門傳授尚在焉。咸豐年間，山西載（戴）（原作「載」），自後改正之）龍邦先生，在河南得此傳授。同治三年，直隸深州李君飛羽，平生最好武技，因貿易抵太原，經孟君介紹於戴先生。時李初見戴，即論平生所習，談吐豪邁，稍一比拼，而知戴為異人也。自此北面而師之。經歷十易寒暑，戴曰：「子勇成矣。」後李君返直，所收弟子甚廣，余不能盡述，擇其要者略而言之。第一、有深縣城內劉奇蘭君；二、郭雲深君；三、山西車永宏、宋世榮。未能細述。於光緒甲午年，諸君樹教京門。余師李公存義，立負笈從師，方得此術。至庚子，直省變亂，京師頹靡。時燕南之士，咸知李公武技、道德過人。鄭郡諸門人歡迎抵鄭，留十餘載，至宣統三年冬月歸籍。民國元年，諸君提倡尚武，其中有葉雲表君、張恩綬君、張占魁君、劉殿琛君、張季高君、韓秀珊君將餘等招至天津，同為提倡武風，先組織武士會。本郡廣設傳習所，為求普及全國之目的，喚起我國尚武之風。此形意所由始也。

李存義先生　黃柏年君同增修

民國二年冬月於天津公園內武士會師徒燈下修繕

（□代表原抄本無法辨認的損壞文字）

李存義的另一版本小傳，由濟南才子、中華武士會成員楊明漪撰寫，收入《近今北方健者傳》。本書於一九二三年出版，又稱《拳勇見聞錄》。楊明漪本人既是李存義的弟子，也是中華武士會創立和發展的見證者，《近今北方健者傳》一書是研

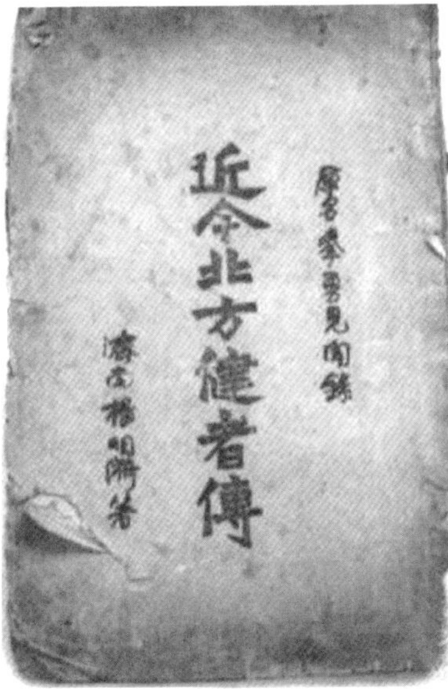

《近今北方健者傳》

究中華武士會歷史的珍貴資料。此為第二種。

李存義，字忠元。直隸深縣南小營村人也，世稱其業為首飾李，或稱其藝為「單刀李」先生者也。先生修七尺有咫，赭顏鐘聲，精通武術，未嘗讀書，然於拳家譜牒，無不心識手摹。自言歷習多門，年三十八，皈依形意門。師事劉奇蘭，與八卦門之眼鏡程、翠花劉為兄弟交。民國八年，年七十矣，望之如四十許人，內功醇而睟盎見，理固然歟。施敎未嘗有懈容，學者遇之，輒依依不忍離。聆其一二語，終身由之，無銖粟失，大河以北宗之。高弟某功行最深，聲塞津京間，一日請益，先生用劈拳，未致力也，某仆丈餘外，體無輕微傷，予適值之，不知其手法也。先生名滿天下，顧與人恂恂如老嫗，殆俠其骨佛其情者耶?著拳譜二百餘卷，皆手自編錄圖解。民國元年創辦天津中華武士會，今會中及弟子孫祿堂所出之拳譜，特其緒耳。予師事先生又與其子彬堂游，於八年秋（一九一九年），先生之歸農也，曾合影作頌以送之曰：七旬老翁，髮鶴顏童；精深武術，形意是攻；娓娓循循，宇內從風；闡明詳贍，著述富隆；黃河滾滾，岱岳崇雄；守先傳後，斯道無窮。

明漪曰：忠元先生，於民國十年辛酉二月二十八日，病逝於家中，年七十二。予從之學，然文弱不任先生教，惟受呼吸法爾，並以之卻病者今數年矣。聞先生之高弟云，先生之拳械，無不造極，所編十三槍法，尤為集大成之作。學者均未能窺其深，略有所獲，即享大名矣。中華武士會謀所以壽之貞珉者，其事蹟尚未徵齊也。

創立中華武士會

早在清宣統二年（一九一〇年），李存義就在天津三條石創辦了民間武術團體「中華武術會」，開始了民間武術資源的整合，這個團體也成了中華武士會的前身。

辛亥革命以後，民國成立，銳意圖強，孫中山宣導尚武精神，以強國強種，振興國本，民間尚武之風蔚起，我國固有武術迅速復興。燕趙之地自古就是孕育英豪俠客的文化息壤，在民族崛起之時，各界精英共同引領了武術變革的潮流。於是，由李存義、張占魁、李瑞東等一大批愛國武術家發起的中華武士會宣佈成立。中華武士會在確立了形意、八卦、太極三大內家拳格局的同時，開拓了中國武術本土化的教育傳播模式，把國粹武術普及到學校、軍隊，繼之上升為「國術」，促進了中國武術的空前繁榮，在當代和後世影響巨大，其肇始之功首歸李存義。

一九一二年六月五日、六日，天津《大公報》發佈了「中華武士會公啟」「中華武士會簡章」及「中華武士會傳習所簡章」。其中「中華武士會公啟」，從制度、思想、文化三方面剖析中國武術復興的必要，在當時可稱振聾發聵的吶喊：

「我中國者，一尚武之國也。自我祖黃帝降崑崙，而東以武力逐蚩尤得中土，其雄武氣概，蓋可想見。以及戰國時代，各國猶莫不崇尚武事，盡力發揚其尚武之精神。蓋自古迄今，未聞有文弱之民而能立國者也。迨夫後世中原一統，各專制君主皆極思柔弱其民，使易於控馭，自是武道始不競矣。極其弊而通國士夫，皆以習武事為輕狂，不但不以為可貴，而反蔑視之，遂使通國之人靡弱若病夫。夫以靡弱若病夫之人，而欲競勝於此強權之時代，其有幸乎？吾中國近年以來，屢遭外人侮辱，而無如之何者，其原因雖不一，而國風之文弱，與士氣之不振，則為其原因中之過且大者無疑也。彼東瀛萃爾三島，人口土地不及我者，不止數倍，而能一戰辱我，再戰破俄，彼國士夫推原其故，輒歸功於彼之武士道。由斯以察，武道之有關於國家興廢，不亦重大矣哉。況我中國之擊技，其神妙實甲全球，若其變化莫測、剛柔並用、運氣諸法，又為外人所夢想不到者。凡此，皆我先民好武者，久由經驗而得之，豈有神權涉其間者。

日本拾我唾餘而能名動天下，甚至美之大總統求教師於彼邦，英之女校體操將盡改，用其柔術，拾我餘唾而能盛稱於天下，且收莫大實益，若彼者何也？此無他，以彼之視此有若第二之生命故也。我則藏精具粹，而世莫知焉，國家亦未能得其利者，何也？此無他，以我之視此直蔽屣之不若故也。他無論矣，就學界一方面觀之，日本中學程度以上各學校，其校中莫不設柔道擊劍，各部學生亦未有不習之者。年中試，合數次定優劣，以資鼓勵。故學生時代除研究功課外，談則論武，聚則鬥力，周視全國莫不皆然。吾國則反，是文人直以運動為輕佻，而且視為下流。以此相較，彼興我腐，豈偶然哉？同人觀此情形，慨歎莫已。用特發起此會，欲以聯絡同好，廣征武術名手，自茲以往，振起我數千載之國粹，使光顯於世界。於是我國之武風可長，士氣可振，國本可立，此豈可再忽之者哉？近世體育一科，各國莫不競尚，其操練之術亦種類不一，然其適於運用，且益於體力者，則皆莫我中國之古擊技，若此亦不必詳論，就實際上比較之，自了然矣。

觀凡精於擊技者，其體力、氣力、魄力、膽力不勝常人數倍耶？吾人處世行事乏以上數種力者，鮮能成功。而欲備此數種力，則非近今各運動法所能濟事。蓋法門之不同，而收效自異也。今同人創設此會，募集擊技名手，廣設傳習所，以求普及，期我國民自茲以往，變文弱之風而成堅強之習，以負我民國前途之重任。諸君有聞風興起者乎？此同人大有厚望焉者也。」

「中華武士會簡章」對武士會的辦會宗旨、建制、人員等做了規定。名稱，定名為中華武士會（亦稱中國武士會，意在武術普及全國之目的）。宗旨，以發展中國固有武術，振起國民尚武精神為宗旨。會員，以年在十五歲以上，籍為中華國民而品行端正者充之。會期，每年開春秋兩季大會，是為常會。會所，暫假河北三條石直隸自治研究會總所。中華武士會附設傳習所，學科分為兩種，一速成科，一專修科。

中華武士會發起之時，也是河北形意拳術崢嶸初露之機，北方各派拳家都對新興的形意拳術爭議頗多，質疑形意拳的實際功用，於是李存義率弟子郝恩光與李子揚夜半拜見中華武士會支持者張繼等人，陳形意之適用，為國粹，並令兩位弟子演習拳術。演練中，地磚碎裂數方，令張繼等人驚歎不已。

次日開會，公佈形意拳術為中華武士會首選，李存義為教務主任，劉文華為總教習，李彬堂、郝恩光等為教員，以傳授形意、八卦、太極拳為主，另有八極拳、通背拳、戳腳等，各拳種均由優秀拳師任教。中華武士會由教務主任李存義為總負責人，代理會長之職。隨著武士會的發展，除李存義、李星階二人外，還先後有幾位捐資人擔任過會長或名譽會長，但均為掛名。

中華武士會創立後，到天津公園學習武術的人絡繹不絕，常有學生、教員、商人排隊前往學習武術。由於場地不足，中華武士會在河北甘露寺宣講所設立分部，招致學員。作為師資，中華武士會聚攏了一大批中國北方武林的頂尖高手，如定興三李、尚雲祥、郝恩光、李彬堂、王子翽、程海亭、李進修、王俊臣、韓慕俠、黃柏年、張景星、李書文、霍殿閣等，都是中華武士會的早期教員、中國武術教育的先行者。

中華武士會還彙聚了一批劍膽琴心的文化精英，整理編寫武術教材，如學者杜之堂、學務公所畫師閻子陽，為李存義口述拳譜、劍譜進行編錄和繪圖，加以系統整理，對後世河北形意拳研究奠定了理論基礎。黃柏年也與老師李存義燈下修譜，留下《五行拳譜》一部。

在社會各界愛國人士的支援下，中華武士會蓬勃發展，京津各校紛紛到武士會聘請教員。一九一三年，李子揚受聘於天津北洋大學，李劍秋接替劉文華赴北京清華學校任武術教員。中華武士會的武術教學活動擴大到全國。李存義為調節南北政治分歧，赴江西司令部任總教員，後在金陵、上海等處提倡武風，在上海南洋公學（上海交大前身）教授拳術，數月後返津。同年，中華武士會在日本成立中華武士會東京分會，傳授中國留學生。來自中國的形意拳術讓日本武士道深感中國武術的深邃，羨慕且嫉妒。日本武士道召開賽武會，意將抑制中國人以自揚。郝恩光登臺，展露形意絕技，日本武士無敢攖之。形意拳術被日本人視為武林絕學，在私下揣摩和研習，重金邀請郝恩光傳授技藝，被郝拒絕。郝恩光歸國時，受到留學生的熱烈歡送。

一九一八年夏，天津博物院召開成立展覽大會，以中華武士會為主體，李存義在弟子李星階的協助下，召集北方數省六十多個門派，三百多位武術家蒞會表演，規模之大，影響之廣，堪稱空前。各派之間溝通了感情，交流了技藝，受到社會各界的嘉許，數百群眾踴躍報名加入武士會，武士會利用天津城廂附近的四個宣講所，除原有的甘露寺（北大關）宣講所、天齊廟（東馬路）宣講所，還在西馬路、地藏庵（河東糧店街東）兩處宣講所，設立武士會分部，與天津社會教育辦事處共同推行社會教育，兼籌並顧，形成德智體三方面興學的一部分。

一九一八年九月十四日，北京召開萬國賽武大會，俄國大力士康泰爾設擂比武，主辦方函請北方武術家到京。李存義為維護國術和民族尊嚴，率門人數十前往赴會較技。會上，因格於警廳、步軍統領之禁未得交手，改為演武，中華武士會有精彩表演。其後，康泰爾表演舉重，力舉二百斤石墩，墩上帶六人，環社稷壇走一圈。中華武士會王貴臣舉其墩，能帶十二人環社稷壇走三圈，以此神功絕技懾服了俄國大力士，使其將十一塊金牌主動獻給中華武士會。中華武士會參加賽武會的消息被北京、天津、上海的各大報紙連續跟蹤報導，成為當時家喻戶曉的社會新聞。會後，北京《順天時報》、天津《大公報》和《益世報》先後以《中華武士會賽武大會之詳志》為題，刊發詳細報導。

萬國賽武大會後，北方各省掀起習武熱潮，前來中華武士會習武人員徹夜不斷，令年事已高的李存義難以應付，隱居英租界弟子張天普家中，由繼任會長李星階打理會務。

一九一九年中華武士會教職員合影
左起：程海亭、韓慕俠、周祥、李呈章、李星階

李星階在主持武士會期間，秉承李存義的辦會理念，團結武林人士，聯絡各個門派，以武術教育為主旨，與閻子陽、王子翽、楊明漪、韓怡庵等一批武士會的骨幹成員做了大量卓有成效的工作，使中華武士會成為我國北方武術教

育活動的中心。

李存義對弟子們的成績給予了極大的肯定，深感欣慰，遂於一九一九年秋歸鄉，頤養天年。

武學貢獻

中華武士會所凝聚的武術家、教育家，以燕趙大地為地緣，深受古燕趙文化薰陶，在學術上，繼承了明末清初哲學家孫夏峰以及後學者顏習齋的學說，主張文武並重、經世致用，注重身體力行，燕歌沉雄之氣一脈相承，因此，在體育教育理念上，較早認識到，武術不獨可以強健體魄，也可以增進德性，具有教育之價值，即體育，以養其體力，啟其智慧，尊其德性。所以，中華武士會在李存義的教育理念的指導下，敢於率先打破沿襲了幾千年的私相傳授、匿於岩穴的傳承方式，一改為著述教材，公開傳播，開辦傳習所，在社會各界廣泛招生；同時，邁出更重要的一步，進入課堂，開啟了中國武術教育的先例，贏得了示範效應。

一九一五年四月，全國教育聯合會在津召開，通過了舊有武術列為學校必修課的議案，教育部明令「各學校應添中國舊有武技，此項教員於各師範學校養成之」。至此，源遠流長的中國武術確立了在現代教育領域的地位。

據楊明漪《近今北方健者傳》載，李存義「著拳譜二百餘卷，皆手自編錄圖解」。本套《李存義武學輯注》收入了李存義先生手錄或口述，並由弟子編撰而成的主要著作，這些著作曾作為中華武士會學員、中高等學校、軍校的普通教材，廣為使用。其內容是形意拳最具代表性的拳械套路、理論功法，是修功練武之門徑。

本書在編輯過程中，根據內容關聯和篇幅分為三冊：第一冊《岳氏意拳五行精義》（附《五行連環拳譜合璧》），第二冊《岳氏意拳十二形精義》（附《八字功》），第三冊《三十六劍譜》（附《五行劍》《連環劍》《梅花劍》《三才劍》《三合劍》）。

筆者在校注李存義先生著作時，發現一個比較容易混淆的因素，就是本書影印和校注過程中參校的版本較多，比如「保定本」「山西本」「杜本」等。根據校注中具體的使用情況，對各個版本說明如下：

《岳氏意拳五行精義》(上下冊)，李存義原述、董秀升編輯，一九三四年由晉新書社刊行。本書將上下兩冊《岳氏意拳五行精義》《岳氏意拳十二形精義》分別影印。據傳一九一四年李存義曾授董秀升岳氏意拳古拳譜，但原書未見。從一九三四年刊行的《岳氏意拳五行精義》來看，多係《武術研究社成績錄》所編。

《五行連環拳譜合璧》，李存義口述、杜之堂編錄、閻子陽繪圖，刊行於中華武士會早期。本書影印簡稱「杜本」，由於篇幅較小，附於《岳氏意拳五行精義》之後，但讀者萬不可輕視之。《五行連環拳譜合璧》是中國近代流傳最早的一部形意拳術教材，編寫於民國初期，為此後出版的形意拳著作樹立了典範。一方面，它建立了語言通俗而層次井然的理論體系。清末流傳的形意拳抄本，其理論多晦澀難明，同一主題的論述，多分散於全書的不同章節，缺乏理論的層次性、邏輯性。對文化程度較低的習武者來說，如同天書一般，很難正確指導練拳實踐。

《五行連環拳譜合璧》一書，對古人的寫作方法進行了徹底改革，實現了理論的系統性、層次性。該書首先闡述形意拳的理論基礎——五行理論以及與五行相對應的五臟與五拳；繼而介紹了人體基礎知識——四梢理論及四梢在拳術中的相應練法和功用。更為難能可貴的是，它把零散存在於古拳譜中的有關形意拳的各部身形要求，做了精準的提煉，總結出了「八字訣」「九歌」這樣的經典篇章，通俗易懂，合轍押韻，朗朗上口，便於記憶，成為後世傳人練習形意拳的準繩，直至今日仍為形意拳著作所引用；另一方面，它開創了詳細圖解拳術的先河。此書問世之前的拳譜，多是只有文字理論，沒有插圖，即便有圖也無詳細的圖解，使讀者只能望書興歎，無法學習。《五行連環拳譜合璧》的插圖，能夠精確地表現形意拳的技術要求，把動作之間的過渡狀態也用虛線形象地描繪出來，還把拳術的行進路線準確畫出，使學者一目了然。

《三十六劍譜》，李存義口述、杜之堂編錄，刊行於中華武士會早期。本書加以影印。

《武術研究社成績錄》，保定陸軍學校一九一八年編訂，大量收錄了李存義拳械圖譜，由王俊臣、李劍秋校訂，張桐軒編輯。本書將其中的八字功、五行劍、連環劍、梅花劍、三才劍、三合劍等章節影印，其他部分作為參校，簡稱「保定本」。一九一五年，教育部在全國明令開設武術課程後，形意拳走進校園。直隸各省武術教員多由中華武士會會員擔任，這些拳譜也隨之變成各學校的武術教材範本，直接用於武術教學。一九一六年，保定陸軍學校開設武術課，成立武術研究社，並於一九一八年出版《武術研究社成績錄》，為保定陸軍學校「同人將年來所習拳術課目而訂之為成績錄」。此書中大部內容採用了李存義口述之拳械圖譜。

《八字功拳譜》，民國初年李存義口述、杜之堂編錄。本書作參校使用。

《形意拳古譜》《拳術講義》，一九一九年，張桐軒於山西國民師範學校任教，印行此二拳譜，簡稱「山西本」。本書作參校使用。

《李存義劍譜》裴錫榮藏本，簡稱「裴本」。本書作參校使用。

《五行拳譜》，李存義與弟子黃柏年編錄。本書作參校使用。

李存義先生「歷習多門，年三十八皈依形意門」，在他所編拳械套路中，有如下特點：

第一，部分動作仍然保留外家拳械的特點。例如，有些動作要求：「前腿進、絀，後腿跟、支」的弓箭步及劍術中常見有臂伸直的動作，明顯存有外家拳的影子，不過在步法上採用形意拳的跟步，這樣發力更加充沛，姿勢舒展美觀大方。當然，山西、河南的心意六合拳也常見重心在前腿的動作，說明早期河北形意拳也沿襲了心意六合拳的特點。

第二，融合八卦掌、太極拳的特點。李存義先生武藝精深，輕財重義，廣結豪俊，與八卦門程廷華、劉鳳春，太極門李瑞東以及劉德寬等為兄弟交，故李存義所傳形意拳械套路把八卦掌、太極拳的技法和風格有機地融入進來。李氏所編「龍形掌」「龍形劍」就是典型的形意、八卦合一的套路；五行拳中鑽拳回身勢也是採用了八卦掌中轉環掌動作，在「八字功」套路中更是多處吸收了八卦掌的肘下穿掌和轉環掌，在步法上也採用了八卦掌的扣步，演練風格則採用了太極拳的輕緩柔和發勁含蓄的特點，故又稱作「軟八手」；李氏所編「六合劍」中也吸收了八卦劍的步法和動作。

第三，融合河北、山西形意拳的特點。據姜容樵《形意母拳》記載：「北方自李洛能傳授形意時，僅五行、連環，十二形半數而已。至郭雲深先生仍之，後由李存義先生及同門某公，赴山西太谷，尋訪同門前輩精斯術者，乃盡其所學而載之歸。」

總之，李存義先生的武學著述，在我國形意拳發展史上佔有極其重要的地位。它在奠定河北形意拳理論基礎的同時，也促進了民國時期中華武術黃金時代的到來。本套《李存義武學輯注》是國內首次系統出版的李存義武學著作，囿於筆者的學識，在校注中不免謬誤之處，懇望廣大讀者和同仁批評指正。

三十六劍譜①

深州李存義口述
廣宗杜之堂編錄

【注釋】

①《三十六劍譜》：杜之堂編錄李存義武學著作之一。單行本，刊行於中華武士會早期，後收入《武術研究社成績錄》等書。

目錄

三十六劍譜

三十六劍譜

深州李存義口述
廣宗杜之堂編錄

第一章　總論

第一節　名稱

三十六劍者、合而名之也、分之則爲進步六劍、退步六劍、搖身六劍轉身六劍、勾挂六劍、風輪六劍、

第二節　練習

合三十六而練習、則長而費力、故分、僅練六劍、又過短、故六劍皆往復練習之、不然或進退並練、或搖轉並練、或勾挂風輪並練、皆無不可、

第三節　起止

開勢收勢六劍盡同、即各劍起止所用者、假使連習三十六劍、一開一收即可、分習、則每段起時用開勢、止時用收勢、

第四節　釋詞

譜中所謂陰手者、手腕外翻也、所謂陽手者、手腕內翻也、劍刃上下、則刺之易入、所謂絀者、髲屈成方也、所謂支者、髲伸也、即割線所云之九十度、所謂剸腕者、低則在腕、高則在頭也、所謂刺劍者、低則刺臍、高則刺喉、中則刺心也、

第五節　方位

舞劍之時、或南北、或東西、均可不拘、作譜須有定方、乃易指示、今假定爲南北路線、開勢在北端、東爲左、西爲右、北爲後、南爲前、牢誌之、乃可讀此譜、

第二章　分論

第一節　進步六劍

進步者、以前進爲主、然其中亦有退步、就其多者言之也、路線如左

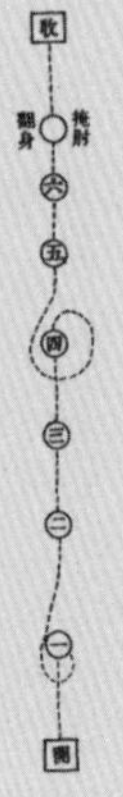

一勢　裹砍

由開勢左骽落、劍自面前左裹、右骽進、紲、左骽支、劍平砍、左手護額、

裹砍圖

二勢　撩腕

劍回挂、右骽退、劍由頭上過左、右骽進、轉身、左骽倒插、陰手撩劍、左手後伸、作勾、與劍成水平、勢極低、

撩腕圖

三勢　轉身裹砍

由上勢轉身、面向前劍隨身轉裹、右骽進、紲、左骽支、劍攔腰平砍、左手護額、

轉身裹砍圖

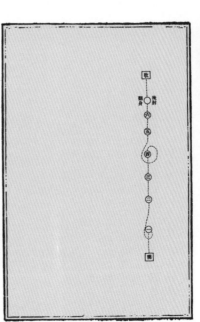

四勢　抱劍環走

進左骽、盤右骽、劍柄置左脅、斜立護頸、左手置身後、作勾、右骽落進、繞行、步數無定、

抱劍環走圖

五勢　陰手翦腕

前勢走至正面、劍在面前偏右作小圈、陰手翦腕、左骽進、左手置腕下、

陰手翦腕圖

六勢　陽手翦腕

提左骽、劍隨裹、左骽落、右骽進、絀左骽支、劍平砍、鋒稍低、左手護額、

陽手翦腕圖

附掩肘翻身劍

劍立面前、左骽進、左肘立置劍後、轉身、劍隨身下落、右挂、退右骽、顛、進左骽、絀、右骽支劍陰手刺襠左手置腕下、此勢在六劍收勢前、隨時加入、

掩肘翻身劍圖

第二節　退步六劍

退步者、亦前進而舞、然倒插步多、故名曰退步、路線如左

一勢　劈頭劍

由開勢左骽落、右骽進、身右轉、劍隨身轉、立劈頭部、左手置頂、眼視劍、

劈頭劍圖

二勢　鑽劍翦腕

左骽進、劍由頭上繞至左邊、轉身、右骽進、支、左骽絀、陰手翦腕、左手置腕下、

鑽劍翦腕圖

三勢　退步撩腕

右骽退、支、左骽絀、劍靠身右、上起下撩、作一大圈、左手護額、

退步撩腕圖

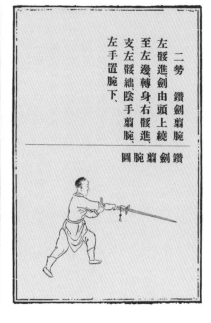

四勢　退步砍腕

右骽左手撤、劍亦撤至身後而前砍、左骽絀、右骽支、左手身後作勾、

退步砍腕圖

五勢　橫劍截腕

左骽退、劍由身前作小圈、陽手橫截、右骽自左旁倒插、左手繞置頂上、

橫劍截腕圖

六勢　轉身劈劍

左手落至柄前、而後捋身轉、右骽進、劍隨身轉、左手上起過頭、身轉、左骽進、劍在身後、左手在臍下、劍立劈、左骽提至膝、左手上翻護額、

轉身劈劍圖

第三節　搖身六劍

搖身者、身左右搖也、三搖相同、左右中地位不同、而劍法亦稍有變換、左搖前加一裹劍、中搖前加一筯頭劍、不如此則勢不順、雖似八劍、仍稱六劍可也、路線如左

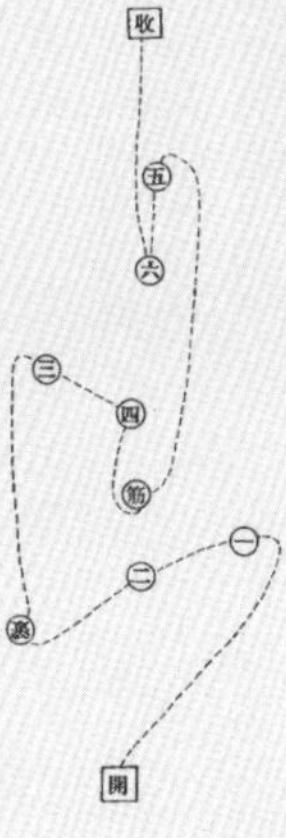

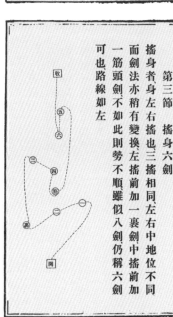

一勢　右搖身

由開勢左骽落、進、右骽進、左骽倒進、面向東北、劍於左骽倒進時、在面前搖一小圈平砍、右骽紲、左骽支、左手護額、

右搖身圖

二勢　陰手翦腕

左骽進、紲、右骽支、劍換陰手、繞左、右翦、左手置腕下、

陰手翦腕圖

附裏劍

左骽進、右骽隨進、骽並、右脚提、蹲身作小勢、劍裏、柄置左膝前、左手置身後、作勾、

裏劍圖

三勢　左搖身

右骽進、左骽進、右骽倒進、面向西北、劍於右骽倒進時、換陰手、繞左、右翦、左骽紲、右骽支、左手置腕下、

左搖身圖

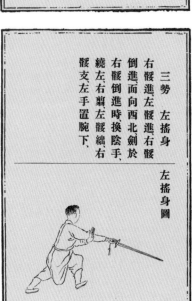

四勢　陽手翦腕

提左骽、劍隨裏、左骽落、右骽進、紲、左骽支、劍平砍、鋒稍低、左手護額、

陽手翦腕圖

附筋斗劍

左骽進、劍立面前、左肘立置劍後轉身、右骽退、左骽退與右骽並、左脚提、面正南、蹲身作小勢、劍隨身轉而後挂、又由後前劈、隨左手落至膝、

筋斗劍圖

五勢　中搖身

左骽進、右骽進、左骽倒進、面正北、劍於左骽倒進時、在面前搖一小圈、平砍、右骽紲、左骽支、左手護額、

中搖身圖

六勢　陰手翦腕

左骽進、紲、右骽支、劍換陰手、繞左、右翦、左手置腕下、

陰手翦腕圖

第四節　轉身六劍

轉身者、身由劍下而轉也、劍不動而身動、則劍自速矣、劍術之奧妙在此、路線如左

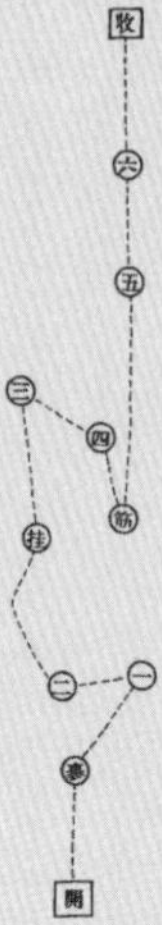

附裏砍

由開勢左髲落劍自面前左裹、右髲進、紲、左髲支、劍平砍、左手護額、

裏砍圖

一勢　右轉身

右髲進、左手由肩窩捋肘、劍橫頂上、左髲進步、身强轉、面向西北、劍力推、左手置頂上、

右轉身圖

二勢　陰手鏰腕

左髲進、紲、右髲支、劍換陰手、繞左、右鏰左手置腕下、

陰手鏰腕圖

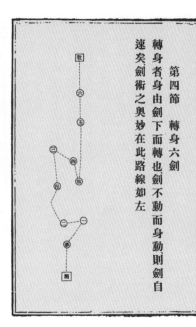

附挂翦

右骽斜進、劍隨勢外挂、左骽進、劍陰手翦腕、左手置腕下、

挂翦圖

三勢　左轉身

左骽進、左手由劍上捋肘、劍由左肘下暗渡、橫於頂上、右骽進、身强轉、面向西北、劍力揭、左手置腕下、

左轉身圖

四勢　陽手翦腕

提左骽、劍隨裏、左骽落、右骽進、紲左骽支、劍平砍、鋒稍低、左手護額、

陽手翦腕圖

附筋斗劍

右骽進劍立面前、左肘立置劍後轉身、右骽退、左骽退與右骽並、左脚提、面正南、蹲身作小勢、劍隨身轉而後挂、又由後前劈、隨左手落至膝、

筋斗劍圖

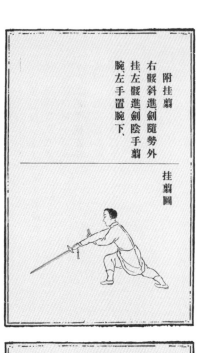

五勢　中轉身

左髲進、左手由劍上捋肘、劍由左肘下暗渡、橫於頂上、右髲進、身强轉、面向正北、劍力揭、左手置腕下、

中轉身圖

六勢　陽手翦腕

提左髲、劍隨裏、左髲落、右髲進、紲、左髲支、劍平砍、鋒稍低、左手護額、（進步退步均可、視地勢廣狹爲之可也）

陽手翦腕圖

第五節　勾挂六劍

勾挂者、劍之行動率用之、以此取名者、因類似者多也、細數之有八勢、附加裏劍雲劍之故耳、路線如左

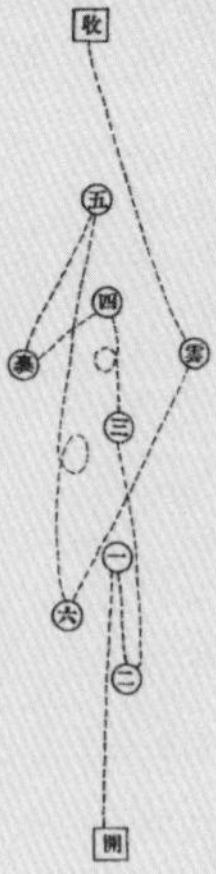

一勢　進步撩劍

由開勢左髲落進、進右髲、紲、左髲支、劍於左髲落時、由後上撩、又隨右髲上撩、如風輪之輪轉、身平而止、左手護額、

進步撩劍圖

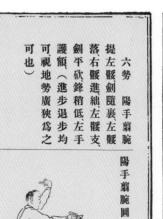

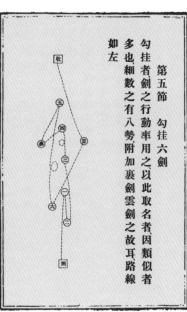

二勢　退步劈劍

右䯌退、支、左䯌紲、劍下挂而前劈、左手置腕下、

退步劈劍圖

三勢　倒步撩腕

右䯌進、劍撩、左䯌倒插、劍自左肩撩腕、身蹲、左手置身後、伸掌與劍成平線、鋒稍高、面向劍、

倒手撩腕圖

四勢　裏劍轉劈

身起、隨轉、右䯌轉進、面南、劍隨身轉至左肩、順勢下劈、右䯌紲、左䯌支、左手護額、

裏劍轉劈圖

附裏劍

左䯌進、右䯌隨進、䯌並、右脚提、蹲身作小勢、劍裏、柄置左膝前、左手置身後、作勾、

裏劍圖

五勢　刺膝劍

右骽進、搖劍、左骽進、紲、右骽支、劍陰手刺膝、左手置腕下、

刺膝劍圖

六勢　轉身回刺

退左骽、進右骽、轉身、劍隨身陽手後刺、面西、左脚提至膝、左手置胸前、偏右、

轉身回刺圖

附雲劍

左骽落進、右骽進、紲、左骽支、面西南、劍在頂上搖圈、攔腰平砍、左手護額、（所以加入雲劍者、轉身回刺、已達北端、非加此、不能收至南端、與他六劍同也、）

雲劍圖

第六節　風輪六劍

風輪者、視劍法之狀態以立名也、此劍宜稍速、如輪之轉、路線如左、

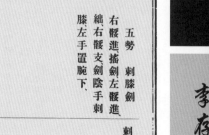

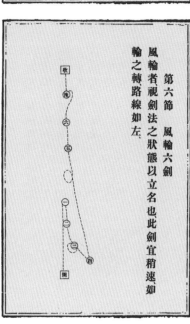

一勢　進步撩劍

由開勢左鬌落進、進右鬌、紲、左鬌支、劍於左鬌落時、由後上撩、又隨右鬌上撩、如風輪之轉、身平而止、左手護額、

進步撩劍圖

二勢　退步劈劍

右鬌退、支、左鬌紲、劍下挂而前劈、左手置腕下、

退步劈劍圖

三勢　背後撩劍

劍隨劈劍下拉、左手置右肩窩、轉身、面西、進左鬌、劍順勢上撩、左手置胸前、外指、

背後撩劍圖

四勢　藏身劍

再轉身、面北、劍亦隨身轉至頭上、退右鬌、面西南、劍挂、提左脚至膝、劍柄上提、劍身斜橫胸前、左手置胸、偏右、目前視、

藏身劍圖

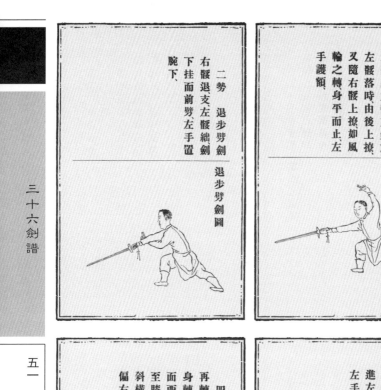

五勢　拗步盤根劍

左鬖落、劍前挂、右鬖進、左鬖倒插、蹲身、劍隨勢前劈、眼回視劍、左手置頂上、

拗步盤根劍圖

六勢　縱身劈劍

猛轉身、身縱、右鬖落前紲、左鬖支、劍隨身輪劈、左手置頂上、

縱身劈劍圖

附掩肘轉身劍

劍立面前、左鬖進、左肘立置劍後、轉身、劍隨身下落、右挂、退右鬖、顚進左鬖、紲、右鬖支、劍陰手刺襠、左手置腕下、

掩肘翻身劍圖

第三章　結論

此三十六劍、為諸劍之母、手眼步法、均須熟化、故練習貴緩不貴速、勢貴低不貴高、貴時時熟復以固根基、勿以古拙而輕視之、不惟劍也、刀、槍、棍、皆可用此法練習、不過手勢稍有變化耳、

三十六劍終

第一章 總論

第一節 名稱

三十六劍①者，合而名之也。分之則為進步六劍、退步六劍、搖身六劍、轉身六劍、勾掛六劍、風輪六劍。

【注釋】

①三十六劍：一九二五年，黃柏年出版《劍術》，對三十六劍詳加詮釋。本文參閱此說。三十六劍，也稱六合劍。

第二節　練　習

合三十六而練習，則長而費力，故分。僅練六劍又過短，故六劍皆往復練習之。不然，或進退並練，或搖轉並練，或勾掛風輪並練，皆無不可。

第三節　起　止

開勢、收勢，六劍盡同。即各劍起止所用者，假使連習三十六劍，一開一收即可；分習則每段起時用開勢，止時用收勢。

第四節　釋　詞

譜中所謂陰手者，手腕外翻也；所謂陽手者，手腕內翻也。劍刃上下，則刺之易入。所謂絀者，腿屈成方也；所謂支者，腿伸也，即割線所云之九十度。所謂剪腕者，低則在腕，高則在頭也；所謂刺劍者，低則刺臍，高則刺喉，中則刺心也。

第五節　方　位

舞劍之時，或南北，或東西，均可不拘。作譜須有定方，乃易指示，今假定為南北路線，開勢在北端，東為左，西為右，北為後，南為前。牢誌之，乃可讀此譜。

第二章 分論

第一節 進步六劍

進步者，以前進為主，然其中亦有退步，就其多者言之也。路線如左①（圖一）。

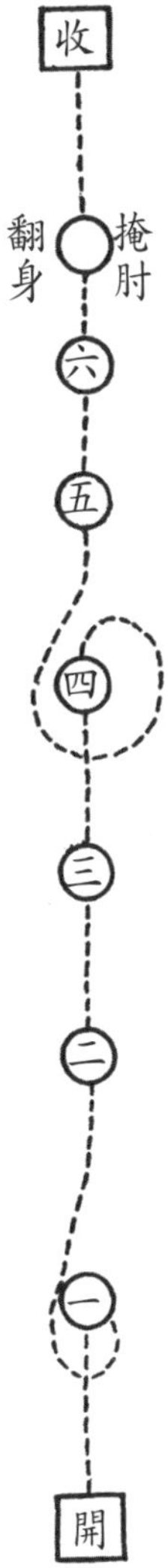

圖1
進步六劍路線

一勢、裹砍②

由開勢左腿落，劍自面前左裹，右腿進、絀，左腿支，劍平砍，左手護額。（圖二）

二勢、撩腕③

劍回掛，右腿退，劍由頭上過左，右腿進，轉身，左腿倒插，陰手撩劍，左手後伸，作勾，與劍成水平，勢極低。（圖三）

三勢、轉身裹砍④

由上勢轉身，面向前，劍隨身轉裹，右腿進、絀，左腿支，劍攔腰平砍，左手護額。（圖四）

圖2　裹砍圖

圖3 撩腕圖

圖4 轉身裏砍圖

【注釋】

①路線如左：原書圖在文字左邊，故稱「如左」。後同。

②裹砍：持劍靜立，假想敵人向我左側方突刺，我劍柄向上，腕外翻，由右向左裹出，即斬敵之腰部。右腿弓，左腿支，左手護額，頂身前探。

③撩腕：劍由右側掛，右腿稍退，仍進劍，由頭頂經過，作車輪形以撩腕，左手、右劍成水平線。同時，左腿用倒行步。宜低蹲身、曲膝。目視劍。

④轉身裹砍：由前勢，假想敵人欲退走，我急向左轉身，稍進左足，大進右足。同時，將劍掄圓作磨盤形，斬敵腰部。右腿弓，左腿支，左手護頂。

四勢、抱劍環走①

進左腿，盤右腿，劍柄置左脅，斜立護頸，左手置身後，作勾，右腿落進，繞行，步數無定。（圖五）

五勢、陰手剪腕②

前勢走至正面，劍在面前偏右作小圈，陰手剪腕，左腿進，左手置腕下。（圖六）

六勢、陽手剪腕③

提左腿，劍隨裹，左腿落，右腿進、紲，左腿支，劍平砍，鋒稍低，左手護額。（圖七）

附掩肘翻身劍④

劍立面前，左腿進，左肘立置劍後。轉身，劍隨身下落，右掛。退右腿，顛進左腿、紲，右腿支，劍陰手刺襠，左手置腕下。此勢在六劍收勢前隨時加入。（圖八）

圖6　陰手剪腕圖

圖7　陽手剪腕圖

圖8　掩肘翻身劍圖

【注釋】

①抱劍環走：由前勢進左腿，提右腿，劍柄置脅，劍鋒由右肩立出護右，看敵，左手在後作勾，順右向後轉走，步數無定。

②陰手剪腕：由前勢轉至正面，劍由右上方搖作小圓圈形，即陰手刺出。左腿弓，右腿支，左手附右肘下，上身向前傾。

③陽手剪腕：由前勢換陽手，劍斬敵頸部，左手護頂，進右腿，身前探，左腿支，右腿弓。

④掩肘翻身劍：劍立面前，上左足，劍指置於右腕部。右轉身，劍隨身轉，右足撤步，劍下落向右後掛。左腿向前一大步，右腿跟進，成弓步，劍由上向下前方陰手刺出。此勢為過渡勢。

第二節　退步六劍

退步者，亦前進而舞，然倒插步多，故名曰退步。路線如左（圖九）。

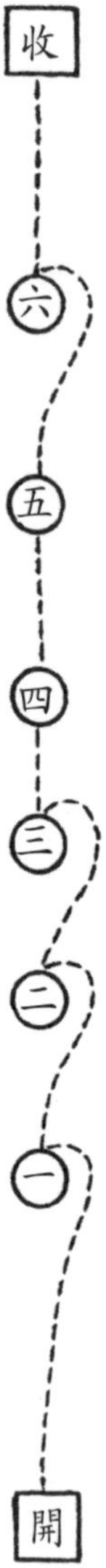

圖9
退步六劍路線

一勢、劈頭劍①

由開勢左腿落，右腿進，身右轉，劍隨身轉，立劈頭部，左手置頂，眼視劍。（圖十）

二勢、鑽劍剪腕②

左腿進，劍由頭上繞至左邊，轉身，右腿進、支，左腿絀，陰手剪腕，左手置腕下。（圖十一）

圖10　劈頭劍圖

圖11　鑽劍剪腕圖

三勢、退步撩腕③

右④腿退、支，左⑤腿絀，劍靠身右，上起下撩，作一大圈，左手護額。（圖十二）

四勢、退步砍腕⑥

右腿左手撤，劍亦撤至身後而前砍，左腿絀，右腿支，左手身後作勾。（圖十三）

五勢、橫劍截腕⑦

左腿退，劍由身前作小圈，陽手橫截，右腿自左旁倒插，左手繞置頂上。（圖十四）

圖12　退步撩腕圖

圖13 退步砍腕圖

圖14 橫劍截腕圖

六勢、轉身劈劍⑧

左手落至柄前，而後捋身轉，右腿進，劍隨身轉，左手上起過頭，身轉，左腿進，劍在身後，左手在臍下，劍立劈，左腿提至膝，左手上翻護額。（圖十五）

【注釋】

①劈頭劍：先用劍向左前方勾掛，隨轉身劈出，劍作車輪形。此時，右腿在前，左腿在後，劍成劈勢，左手揚起。

②鑽劍剪腕：由前勢身向左轉，扣右足，面仍轉向後。同時劍

圖15　轉身劈劍圖

由頭上過，橫截敵械。左腿弓，右腿支，左手附右肘下，劍鋒立。

③退步撩腕：由前勢大撤左足，劍由上而下轉成陽手撩腕勢。左手護額，右腿弓，左腿支，劍鋒立，上身前探。

④右：當為「左」。

⑤左：當為「右」。

⑥退步砍腕：大撤右足，左手隨撤，劍從右側後掛反臂前劈，成弧形。勢成左弓步，左手在身後作勾。

⑦橫劍截腕：左腿撤，右腿自左腿旁倒插，劍在面前由左至右畫一圈，反腕陽手截腕。劍指上翻護額。

⑧轉身劈劍：由前勢假想敵人向我背後擊刺，我急移右足，閃身猛向後轉。同時提左腿，劍由左脅下上翻劈出。左手護額。

第三節　搖身六劍

搖身者，身左右搖也。三搖相同，左右中地位不同，而劍法亦稍有變換。左搖前加一裹劍，中搖前加一筋頭劍，不如此則勢不順。雖似八劍，仍稱六劍可也。路線如左（圖十六）。

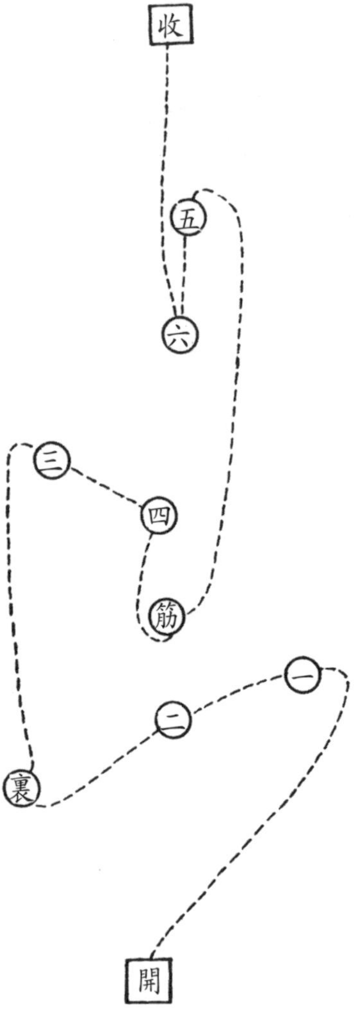

圖16　搖身六劍圖

一勢、右搖身①

由開勢左腿落、進，右腿進，左腿倒進，面向東北，劍於左腿倒進時，在面前搖一小圈平砍，右腿絀，左腿支，左手護額。（圖十七）

二勢、陰手剪腕

左腿進、絀，右腿支，劍換陰手，繞左、右剪，左手置腕下。（圖十八）

附裏劍②

左腿進，右腿隨進，腿並，右腳提，蹲身作小勢，劍裏，柄置左膝③前，左手置身後，作勾。（圖十九）

圖17　右搖身圖

圖18　陰手剪腕圖

圖19　裏劍圖

三勢、左搖身④

右腿進，左腿進，右腿倒進，面向西北，劍於右腿倒進時，換陰手，繞左、右剪，左腿絀，右腿支，左手置腕下。（圖二十）

圖20　左搖身圖

【注釋】

①右搖身：左腿落步，右腿進步。左腿倒進時轉身面向東北，劍回裹至右下方，劍臂外旋，由下至上、過頭弧形平砍。劍指護額。

②裹劍：即「併步勾手抱劍」。左腿進步，右腿隨之，足尖內扣，兩膝併攏。右足提起，蹲身作小勢，劍由前面繞一圈，劍柄落於左膝，抱劍於腹前。左手作勾。

③滕：原文誤作「縢」，據保定本當為「膝」。

④左搖身：右腿進步，左腿隨之，右腿倒進，轉身向右，劍向右後掛，劍在頭前上方環繞後向右橫斬。

四勢、陽手剪腕

提左腿，劍隨裹，左腿落，右腿進、絀，左腿支，劍平砍，鋒稍低，左手護額。（圖二十一）

附筋斗劍①

左腿進，劍立面前，左肘立置劍後，轉身。右腿退，左腿退與右腿並，左腳提，面正南，蹲身作小勢，劍隨身轉而後掛，又由後前劈，隨左手落至膝。（圖二十二）

五勢、中搖身②

左腿進，右腿進，左腿倒進，面正北。劍於左腿倒進時，在面前搖一小

圖21　陽手剪腕圖

圈，平砍。右腿絀，左腿支，左手護額。（圖二十三）

六勢、陰手剪腕

左腿進、絀，右腿支，劍換陰手，繞左、右剪，左手置腕下。（圖二十四）

圖22　筋斗劍圖

圖23　中搖身圖

圖24　陰手剪腕圖

【注釋】

①筋斗劍：左腿進半步，劍立於面前，劍柄在腹前，劍指置於右腕上，左轉身一百八十度。右腿退步，左腿隨之，劍右後掛前劈，成雙手握劍式。緊接上動，重心下降，兩腿曲膝全蹲，劍撤至腿部。

按：筋斗劍為李存義所編創的「飛躍劍」的精華，此劍用途分為二，一用走勢；一用躍勢。皆防敵人暗謀者。假想敵人由背後突然擊刺，若敵相距較近，急用走勢，劍由右耳下沿右肩向後平刺敵面，暗移左足向右轉身，以刺敵人；倘敵相距甚遠，或以長杆槍或用手槍擊我背後，必用躍勢將氣功運足，以丹田之精、五行之靈，縱身向空躍起，而頭向下、足向上，超越敵背後，以斬敵頸部。然此勢非由童子時練之不可，如自幼時常常練習，動作便捷亦能收其美滿之效果。（黃柏年《劍術》）

②中搖身：左腿進步，劍立於面前。右腿隨之，足尖內扣。左腿倒進時左轉身，劍在面前畫一車輪形，平砍。劍指護頷。

第四節　轉身六劍

轉身者，身由劍下而轉也。劍不動而身動，則劍自速矣。劍術之奧妙在此。路線如左（圖二十五）。

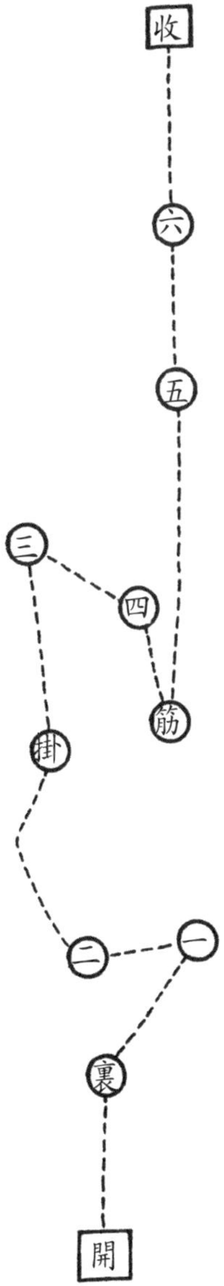

圖25　轉身六劍路線

附裏砍

由開勢左腿落，劍自面前左裏，右腿進、絀，左腿支，劍平砍，左手護額。（圖二十六）

一勢、右轉身①

右腿進，左手由肩窩捋肘，劍橫頂上，左腿進步，身強轉，面向西北，劍力推，左手置頂上。（圖二十七）

二勢、陰手剪腕

左腿進、絀，右腿支，劍換陰手，繞左、右剪，左手置腕下。（圖二十八）

圖26　裏砍圖

圖27　右轉身圖

圖28　陰手剪腕圖

附掛剪②

右腿斜進，劍隨勢外掛。左腿進，劍陰手剪腕。左手置腕下。（圖二十九）

三勢、左轉身③

左腿進，左手由劍上捋肘，劍由左肘下暗渡，橫於頂上。右腿進，身強轉，面向西北。劍力搨。左手置腕下。（圖三十）

【注釋】

①右轉身：右腿進步，劍指由右臂下捋至肘下，劍橫於頭頂，劍柄置右肩上方。左腿隨進，身體向右轉，面向西北。同時，劍臂內

圖29　掛剪圖

旋，劍右繞後向右腿後方力推。劍指護額。

②掛剪：右腿向前斜進，足尖外撇，劍向右後側掛，撩至左上方，再向左後掛。同時，左腿進步，劍前撩劈砍。

③左轉身：左腿進步，劍指順劍鋒捋至右肘下，劍橫於頭頂，劍柄置右劍上方。右腿隨進，身體轉向西北，劍向前力推。

四勢、陽手剪腕

提左腿，劍隨裹，左腿落，右腿進、絀，左腿支，劍平砍，鋒稍低，左手護額。（圖三十一）

圖30　左轉身圖

圖31　陽手剪腕圖

附筋斗劍

右腿進，劍立面前，左肘立置劍後轉身，右腿退，左腿退與右腿並，左腳提，面正南。蹲身作小勢，劍隨身轉而後掛，又由後前劈，隨左手落至膝。（圖三十二）

五勢、中轉身

左腿進，左手由劍上捋肘，劍由左肘下暗渡，橫於頂上。右腿進，身強轉，面向正北。劍力揚。左手置腕下。（圖三十三）

圖32　筋斗劍圖

圖33　中轉身圖

六勢、陽手剪腕

提左腿，劍隨裹，左腿落。右腿進、絀，左腿支，劍平砍，鋒稍低。左手護額。（進步退步均可，視地勢廣狹為之可也）（圖三十四）

第五節　勾掛六劍

勾掛者，劍之行動率用之。以此取名者，因類似者多也。細數之有八勢，附加裹劍、雲劍之故耳。路線如左（圖三十五）。

圖34　陽手剪腕圖

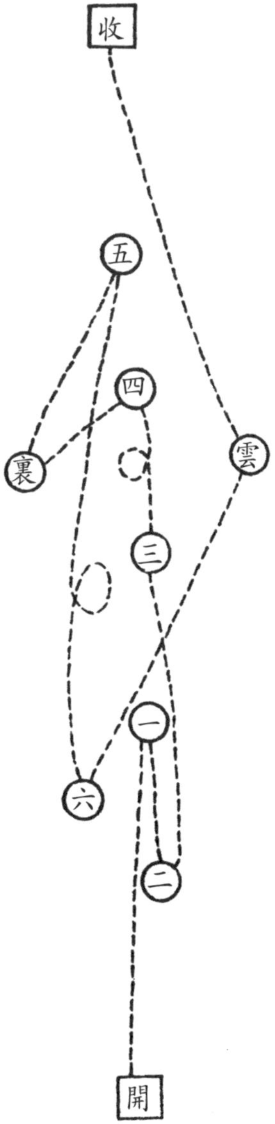

圖35　勾掛六劍圖

一勢、進步撩劍①

由開勢左腿落、進，進右腿、絀，左腿支。劍於左腿落時，由後上撩，又隨右腿上撩，如風輪之輪轉，身平而止。左手護額。（圖三十六）

二勢、退步劈劍②

右腿退、支，左腿絀，劍下掛而前劈，左手置腕下。（圖三十七）

圖 36　進步撩劍圖

圖 37　退步劈劍圖

三勢、倒步撩腕③

右腿進，劍撩。左腿倒插，劍自左肩撩腕。身蹲，左手置身後，伸掌與劍成平線，鋒稍高，面向劍。（圖三十八）

【注釋】

①進步撩劍：由開勢先小進左腿，再大進右腿、弓膝。劍由左腿落進時，自後撩出。同時隨腿上撩，如風輪之輪轉，身平而止。劍鋒立，左手護額。

②退步劈劍：由上勢向後退右腿，弓左腿，同時掄劍下掛而前劈。身前傾，劍鋒立，左手附於右肘之下。

③倒步撩腕：先進右腿，再倒進左腿，姿勢宜低。劍在面前繞過，以撩敵腕。劍鋒、兩臂平，右腿

圖38　倒手④撩腕圖

弓，左腿曲。

④手：原文誤作「手」，根據文義當為「步」。

四勢、裏劍轉劈①

身起，隨轉，右腿轉進，面南。劍隨身轉至左肩，順勢下劈。右腿絀，左腿支，左手護額。（圖三十九）

附裏劍

左腿進，右腿隨進，腿並，右腳提，蹲身作小勢，劍裏，柄置左膝前，左手置身後，作勾。（圖四十）

圖39　裏劍轉劈圖

圖40　裹劍圖

五勢、刺膝劍②

右腿進，搖劍，左腿進、絀，右腿支，劍陰手刺膝，左手置腕下。（圖四十一）

圖41　刺膝劍圖

六勢、轉身回刺③

退左腿，進右腿，轉身，劍隨身陽手後刺。面西，左腳提至膝，左手置胸前，偏右。（圖四十二）

附雲劍④

左腿落進，右腿進、絀，左腿支，面西南，劍在頂上搖圈，攔腰平砍，左手護額。（所以加入雲劍者，轉身回刺，已達北端，非加此，不能收至南端，與他六劍同也。）（圖四十三）

圖42　轉身回刺圖

圖43　雲劍圖

【注釋】

①裹劍轉劈：由前勢向左轉身，進腿。同時，劍掄圓斜劈敵人頭耳部。弓右腿，支左腿，左手護額，劍鋒立。

②刺膝劍：右腿進，劍由左下向右搖。左腿進步，弓步，劍由上向下刺膝。劍指置腕下。

③轉身回刺：左腿撤步，左轉身，橫進右足，劍鋒由左向右翻。左足提至膝部護襠，面向起勢方向回刺。

④雲劍：由陰手變陽手平斬，同時大進右腿，弓膝，身前傾，左腿支，劍鋒平。左手護額。

第六節　風輪六劍

風輪者，視劍法之狀態以立名也。此劍宜稍速，如輪之轉。路線如左。（圖四十四）

圖44　風輪六劍路線

一勢、進步撩劍

由開勢左腿落進，進右腿、絀，左腿支，劍於左腿落時，由後上撩，又隨右腿上撩，如風輪之轉，身平而止，左手護額。（圖四十五）

圖45　進步撩劍圖

二勢、退步劈劍

右腿退、支，左腿絀，劍下掛而前劈，左手置腕下。（圖四十六）

圖46　退步劈劍圖

三勢、背後撩劍①

劍隨劈劍下拉，左手置右肩窩，轉身，面西，進左腿，劍順勢上撩，左手置胸前，外指。

（圖四十七）

【注釋】

①背後撩劍：劍向右下後掛，右轉身，面西。左足進，成左弓步，劍順勢上撩過頭前刺。

圖47　背後撩劍圖

四勢、藏身劍①

再轉身，面北，劍亦隨身轉至頭上，退右腿，面西南，劍掛，提左腳至膝，劍柄上提，劍身斜橫胸前，左手置胸，偏右，目前視。（圖四十八）

圖48　藏身劍圖

【注釋】

①藏身劍：右轉身，面北，劍隨身轉置頭上。右腿撤步，右轉，面西南，劍向右上、向後、向下掛。提左足至膝，劍柄提至右肩上方、過頭，劍身斜橫胸前。

五勢、拗步盤根劍①

左腿落，劍前掛，右腿進，左腿倒插，蹲身，劍隨勢前劈，眼回視劍，左手置頂上。（圖四十九）

六勢、縱身劈劍②

猛轉身，身縱，右腿落前、絀，左腿支，劍隨身輪劈，左手置頂上。（圖五十）

附掩肘轉身劍③

劍立面前，左腿進，左肘立置劍後。轉身，劍隨身下落，右掛。退右腿，顛進左腿、絀，右腿支，劍陰手刺襠。左手置腕下。（圖五十一）

圖49　拗步盤根劍圖

圖50　縱身劈劍圖

圖51　掩肘翻④身劍圖

【注釋】

①拗步盤根劍：由前勢變換，先進右腿，再倒進左腿，同時掄劍成車輪形以撩敵腕，勢為盤根劍。左手護額。

②縱身劈劍：由前勢猛轉身，向前縱身，劍隨身縱時掄起，身落劍亦劈下。身縱者，乃是追擊敵人，向前跳躍一步，順勢劈下。右腿前弓，左腿後支。

③掩肘轉身劍：同「掩肘翻身劍」。

④翻：原文誤作「翻」，根據文義當為「轉」。

第三章 結論

此三十六劍為諸劍之母，手、眼、步、法，均須熟化，故練習貴緩不貴速，勢貴低不貴高。貴時時熟復以固根基，勿以古拙而輕視之。不惟劍也，刀、槍、棍皆可用此法練習，不過手勢稍有變化耳。

三十六劍終

附錄

五行劍
連環劍
梅花劍
三才劍
三合劍

下部 器械

第一編 劍術

第一章 五行劍

五行劍用五行拳之勢法而舞劍也其步法身法大同而小異節中詳言之其名稱仍用劈鑽崩礮橫五字

劍本右手執柄而左手或護額或捋肘或附柄或在胸或在背後作勾獨五行單刀五行賓劍均用雙手與執朴刀同蓋手雙則力倍也劍柄短不能容雙手則左手只在柄頭用力耳

五行劍皆單練法每勢皆分左右僅寫起落兩圖者見左則知右見右則知左也練習無定數視也勢之長短耳學者當由此入手

第一節 劈劍

劈劍左勾則右骸落前右挂則左骸落前劍落時用全身之力勢甚猛厲最難防禦

一 路線

二 起勢

劍左勾左骸進劍由後起至頂上右脚依右骸提起眼平視作欲落狀

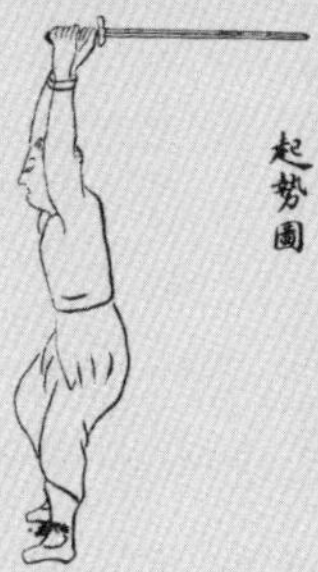

起勢圖

落勢圖

三 落勢

劍與右骸齊落劍立劈左骸撤跟

四 回身

右骸在前則左轉身左骸在前則右轉身身轉則前脚在後後在前仍然前脚進劍或左勾或右挂後脚提為起勢提脚前落劍立劈後脚跟為落勢右脚在前之路線如下圖

第二節 鑽劍

鑽劍亦分左右兩勢左起則右骸落前起勢陽手落勢陰手右起則右骸落前起勢陰手落勢陽手劍出如游龍路線稍曲

一路線

起勢圖

二 起勢

左骸斜進右骸隨而過之身蹲劍陽手撤至左胯眼前視作欲出狀

落勢圖

三 落勢

右骸進劍外挂左骸進劍由上繞回成一小圈陰手翦腕左骸紐右骸交

四 回身

左骸在前則右轉身左為起勢劍陰手右骸在前則左轉身右為起勢劍陽手落勢同上左骸在前之路線如下圖

第三節 崩劍

崩劍皆翦腕劍亦分左右兩勢在左旁者右脚跟在右旁者左脚跟此其區別也無起勢分左右勢

一路線

二 左崩劍

左骸斜進若接右崩則左骸撤右骸隨至左骸而前進左骸直進右骸跟劍於左骸斜進時撤至左胯於左骸再進時翦腕鋒又斜

左崩劍圖

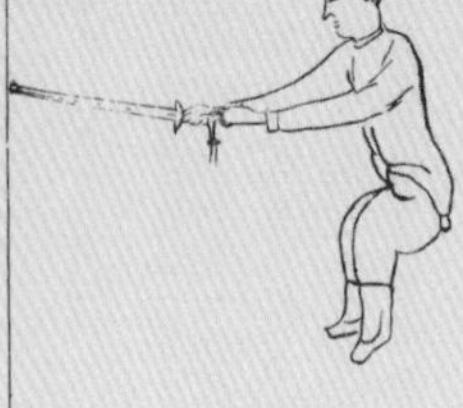

右崩劍圖

三 右崩劍

右骸撤左骸隨撤至右骸而前進右骸直進左骸跟劍於左骸撤時亦撤至右胯於右骸直進時翦腕鋒左斜

四 回身

崩劍回身有二一與崩拳回身相同一左骸在前則用左崩劍右骸在前則用右崩劍今舉左骸在前之路線如左

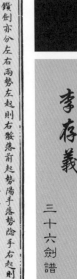

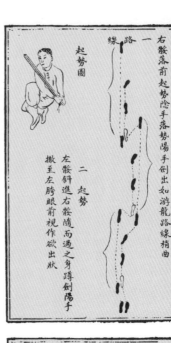

第四節 礮劍

磤劍左為托腕劍右為翦腕劍比崩劍稍高左則左勾右則右挂左右皆柄高鋒低用全身力

一 路線

二 左磤劍

左骽斜進絀（此自閉勢言之若接右磤劍為之則右骽先進左骽繼進右骽跟）劍自胸前左勾而上托右骽稍跟支左手護額

三 右磤劍

左骽進劍由胸前右挂而上托右骽進絀左骽跟支左手置肘下

左磤劍圖

右磤劍圖

四 回身

回身同磤拳左骽在前則右轉身右骽在前則左轉身右轉身則作左磤劍左轉身則用右磤劍今舉左骽在前之路線圖如下

第五節 橫劍

橫劍與磤劍劍路相同獨步法異耳此劍勢大而東如入無人之境最易制勝

一 路線

二 左橫劍

左骽進劍左裏右骽進絀劍由頂繞圈翦腕左骽跟支劍柄高鋒低左手護額

左橫劍

三 右橫劍

右骽進劍右挂左骽進絀劍由頂繞圈翦腕右骽跟支劍柄高鋒低左手置肘下

右橫劍圖

四 回身

右骽在前則左轉身左骽在前則右轉身如右骽在前則左脚轉為

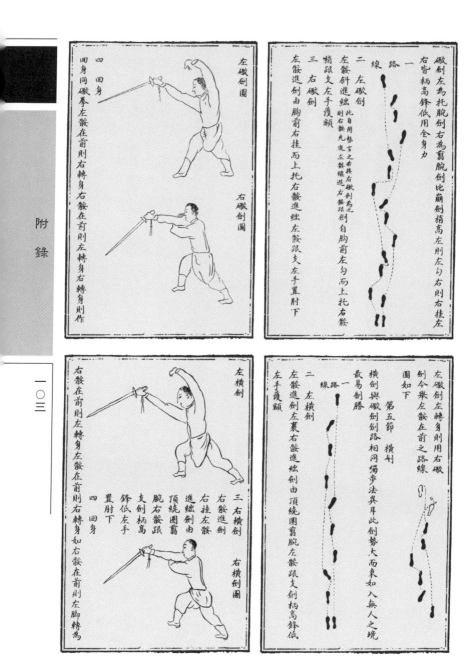

一右骸進為二左
骸跟為三如下圖

第二章　連環劍

刀槍棍劍皆以拳為母錯綜五拳之勢而連續之合為一套進步退步如環之無端又進又退如環之相連謂之連環拳用其套而掄刀謂之連環刀盤槍謂之連環槍打棍謂之連環棍故曰連環劍之名本於連環拳也

此劍十勢各自不同往復練之乃連原勢以其進而復退退而又進也範圍較小練習於狹隘之地甚為適宜

第一節　路線

開勢收勢仍用常法與他劍同其路線如左

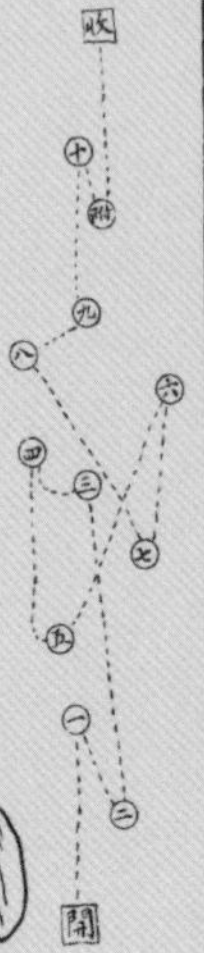

第二節　動作

一勢　進步崩劍

由開勢左骸落進右骸隨進抵左趾腳稍橫劍隨右骸直進搖刺心左手拊柄兩骸稍曲

二勢　退步翦形劍

右骸退劍後挂左骸退劍由肩頭陰手翦腕左手置腕下

進步劍圖

退步翦形劍圖

三勢　進步裹砍

左骸進劍左裹左手在肩窩右骸進劍橫砍右骸綴左骸支左手護額

進步裹砍圖

四勢　進步刺劍

身撤右骸撤提劍隨之左手拊柄右骸落進劍隨身陽手前刺即提左腳至膝右骸獨立而稍曲左手仍拊柄

進步刺劍圖

五勢　轉身劈劍

左手落至柄前而後擰身轉右骸進劍隨身轉左手上起過頭身轉左骸進劍在身後左手左

退步轉身劈劍圖

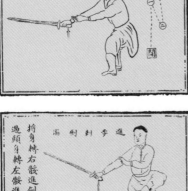

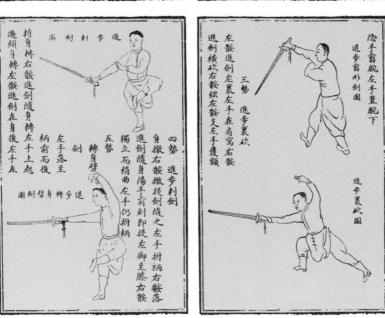

臁下劍立劈左骸提至膝左手上翻護額

進步磤劍圖

六勢　進步磤劍

左骸落進劍自左肩撩進右骸進面西南陽手翦腕右骸絀左骸支左手置腕下

七勢　退步鈎掛藏身劍

右骸退劍左鈎右挂左骸退提至膝劍倒提斜橫面前左手置胸前偏右

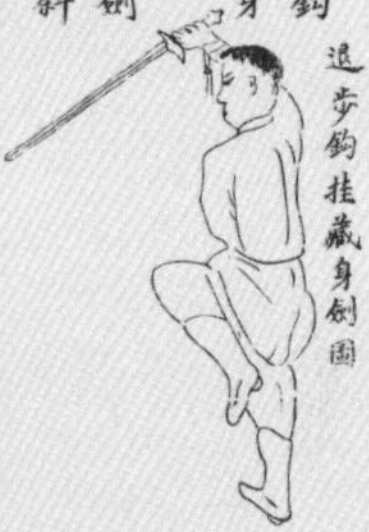

退步鈎挂藏身劍圖

八勢　進步托劍

左骸落斜進面東南劍掄持陽手左推左骸絀右骸支左手置頂上

進步托劍圖

九勢　進步陰手翦腕

左骸橫進至中線劍挂右骸進脚橫蹋劍陰手翦腕兩骸微曲左手置腕下

進步陰手翦腕圖

十勢　進步崩劍

左骸進右骸隨進抵左趾脚稍橫劍隨右骸直進摇刺心左手拊柄兩骸稍曲

進步崩劍圖

附　轉身翦腕劍

右轉身劍隨挂右骸進脚橫蹋劍陰手翦腕兩骸微曲左手置腕下

轉身翦腕劍圖

第三章　梅花劍

第一節　路線

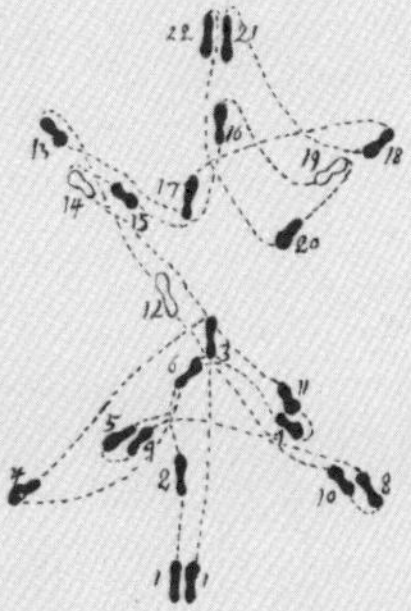

1 1 開勢　2 3 推劍　4 5 右展　6 7 橫劍　8 9 右展　10 11 轉翦　12 13 捋肘　14 15 推劍　16 17 橫劍　18 19 鑽劍　20 推劍　21 22 收勢

第二節　動作

一　開勢

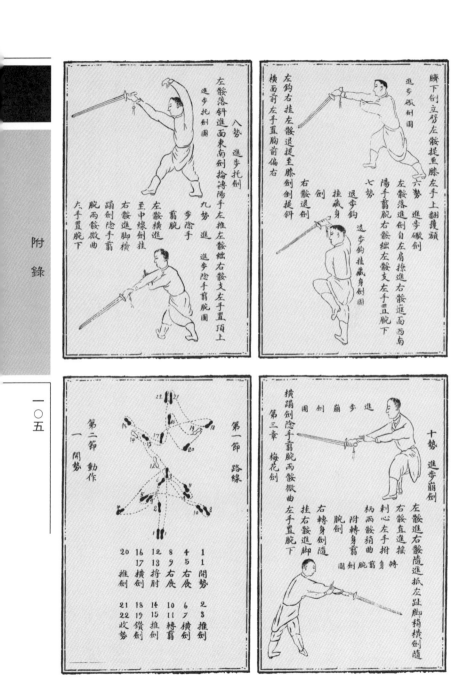

面正南右手執劍直立頭頂垂肩舌上頂
左手伸大食兩指

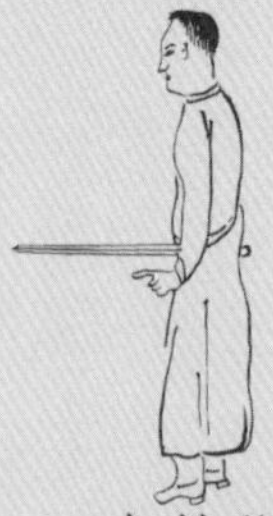

開勢圖

二 推劍
左骸進右
骸隨進劍
斜推翦腕
左手拊柄

推劍圖

三 左展
左轉身左骸向東北進劍撩右骸進劍後劈左手置頭上

左展圖

四 橫劍
左轉身劍裹右骸進紕劍陽
手翦腕左骸支左手護額面南

橫劍圖

五 右展
右骸向西北撤身右轉劍挂左骸
西北進劍繞置左肩成敗式左手
置身後作勾

右展圖

六、轉翦
右轉身
面東南
劍隨身
轉至身
前作小圓陰手翦腕腳順左手置頂上

轉翦圖

七 捋肘
右骸與劍並撤左骸捋肘左骸向東南進
右骸大進劍自左肘下鑽過身左轉右骸
紕左骸支左手置肘下

捋肘圖

八 推劍
劍由膝下
勾過右骸
進紕劍又
回鋒前推
柄左鋒右

推劍圖

左骸支左手拊柄面西北

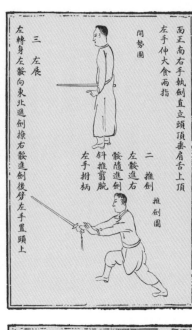

九　横劍

横劍圖

左轉身左骽隨右骽進絀劍自身前作圈陽手平砍左骸支左手護額面南

十　鑚劍

鑚劍圖

劍翻陰手不動身自劍下勾而南鑚進轉身面東北劍翻陽手翦腕

十一　推劍

劍由膝下外挂左骸進絀劍又回鋒前推柄右鋒左右骸支左手拊腕

推劍圖

十二　收勢

劍勾退左骸劍挂退右骸面北兩脚並立與開勢同

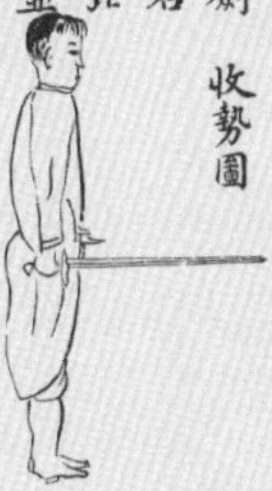

收勢圖

第五章　三才劍

天地與人謂之三才劍以三才名者因其變化玄妙無窮如天地也此劍分兩段平時練習合而為一有時對手復分為二蓋兩段適相生克攻防合宜也

第一段

第一節　路線

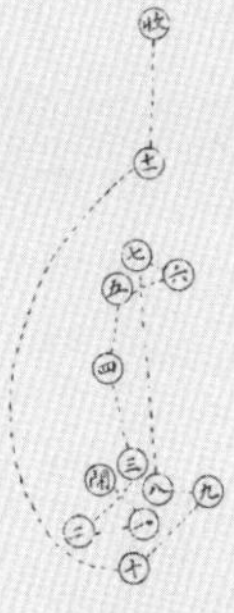

第二節　動作

一勢　起首单鞭勢

與路線成直角先將左腿前出同時右手持劍與左手亦前出復後收至腰際手掌前出為陰後收為陽劍刃向右左脚虚收

左足前進右手握劍陽出左手隨之連進右足右手手心向外腕須曲以劍向後畫圓形劍刃向下左手亦如之

左足引靠右足

左手上指右足踏一步左腿提起然後身轉向左落左足成弓步劍平刺刃向右左手後指

右腕猛落使劍尖上撩然後進右足同時右手手心向外右腕曲折以劍向後畫圓形左足引靠右足左手則自心口鑚出由下旋回而

单鞭勢

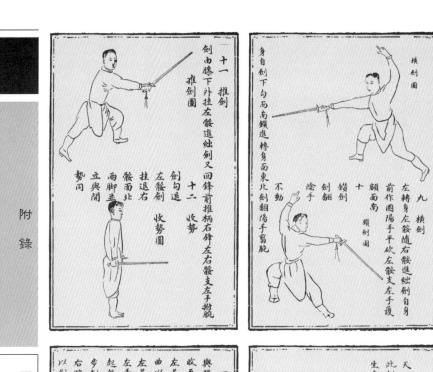

後指落此勢時手足劍三者要合猛落腕左手上指右劍持平成單鞭勢

二勢　提左足裏截腕

右足後撤急提左足同時右手持劍向下錯之左手輔助右手劍刃向右手心向下上體微向前傾小腹微向後收此截腕也

三勢　搖劍

左足着地手不變惟曲腕使劍直立面側此上搖劍也

四勢　提右足下截腕

劍隨即由左旋下同時右足提起左手上指劍刃仍向右身體稍向左側右手持劍在右膝外此下截腕

（以上三劍上中下連貫一氣所以名三才也）

五勢　刺脇

右手持劍向裏纏裹劍刃轉向下左手即附右手然後右足前進成弓步劍向前平刺

六勢　右剪臂

右腕後撤至頭之右側手心斜向外劍刃斜向上此時右手後指左足跟步兩膝相交成剪子股式腿不動身體向左扭右劍向左裏與身平行劍刃向上劍身與人身均斜立然後進左足成弓步劍由下旋回而斫之劍刃轉向右劍尖低下同時左手附於右手

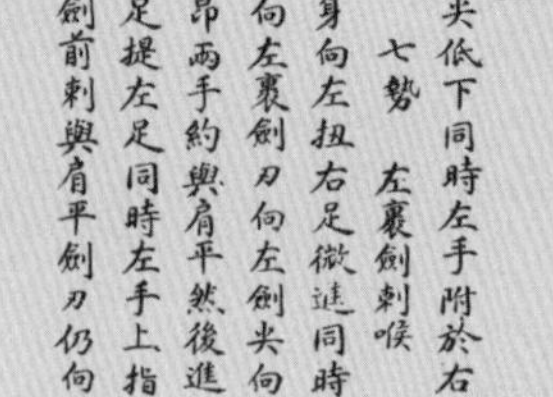

七勢　左裹劍刺喉

身向左扭右足微進同時劍向左裏劍刃向左劍尖向上昂兩手約與肩平然後進右足提左足同時左手上指右劍前刺與肩平劍刃仍向左

八勢　猛落劍刺心

左足向右後斜落兩膝相交成剪子股式低同時左手下指在胯間右劍下落藏於膝下然後右足後退同時左手上指右劍斜刺與肩平劍刃向下高

九勢　勾掛劍截腕

將劍摘出右腕曲折手心向外鈎掛而後截腕同時右足先進左足連進（向左方）復提右足左手上指

十勢　右展

猛落右腕隨即右足後落成弓步同時劍向後挽劍身持平與下挽齊距離少許左手撐出掌在腰際

右展

十一勢　轉身截腕

先提左足後退數步然後由左猛向回轉左脚橫落兩膝相交成剪子股式同時右劍裹出右肘須低劍刃向左左手附右手勢極低下

十二勢　提左足下剪腕

右劍上舉而下砍同時提起左足左手上指

十三勢　轉身崩劍

由上式左足向後落右足不動同時身體轉向左後仰劍上崩左手仍上指

轉身崩劍圖

十四勢

右腿向左後方斜退成弓步同時身體轉向右稍向前探左手附手以劍自下向上畫圓形劍刃在上及至後旋劍至頭上時左腿隨起隨落劍則摟右腿前出掌心向上劍須橫平左掌與右掌平行若捧物然連進右足微向左偏走成大半圓至路線彼端左側左足在前作撕劍式

附撕劍

右足向左後退一大步左足足尖稍向右移成左前弓步勢同時以劍畫圓弧貼左腿撕出劍刃向上劍身須平左手向後下方指出右手手心向右右臂竭力攛勁

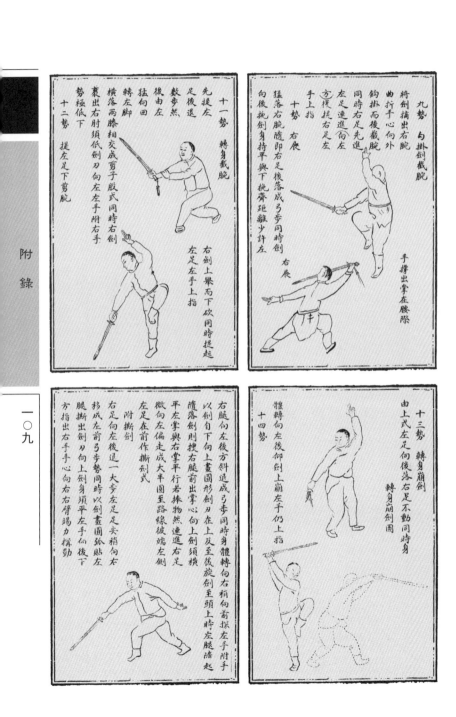

十五勢　刺脇
進右足將劍向前平刺劍尖與心口齊左手扶助右腕是謂刺脇

十六勢　抱劍
身向左轉右足後移以弓步變為騎馬勢同時將劍收回右手手心向上劍刃向右左掌附着劍靶距胸少許成抱劍勢

十七勢　收勢
身體低縮而右偏劍則右出而左劃之連退數步左手上指右劍持平成单鞭勢

收勢圖

第二段

第一節　路線

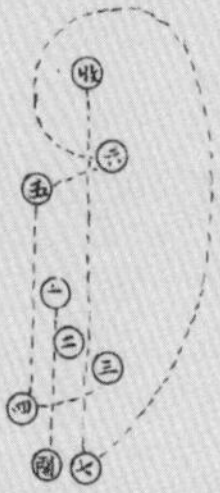

第二節　動作

一勢　雞步刺心
由单鞭勢先出左足連踏兩步然後右足進一大步右腿弓左腿崩成弓步勢同時左手輔助右手將劍向前刺出（刺心）劍刃向上與肩平身體稍向前探為使劍遠出也

雞步刺心圖

二勢　落腕
劍猛撤兩手握劍藏右膝左側

三勢　刺喉
由二勢復提左足同時左手上指劍平刺與肩平劍刃向左

刺喉圖

四勢　下截腿
左足後落身轉向左成騎馬勢同時右劍自上而下從左砍腿劍刃轉向右

五勢　抱劍
同上節十六勢

六勢　外點腕
右足後撤兩膝相交成剪子股式同時左手後指劍前點

七勢　刺喉

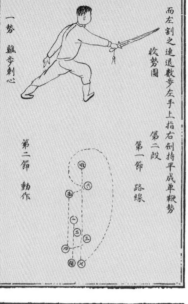

劍自右膝下撤收復向上刺出與肩平劍刃向右同時提左足右手輔右手

八勢　前劍

左足向右後斜落成剪子股式身轉向左斜右腕曲折使劍尖上撩

九勢　撩腕

身體轉向左兩腿分立同時左手上指右劍仍上撩

十勢　轉身截腕

左腿左進隨即身向右閃而右足向左後一步同時劍前點而後收回腰際左手下垂左胯

十一勢　雞步刺頭

進步刺頭圖同進步刺心惟劍稍高耳

十二勢　下截腿

兩腿齊進成騎馬勢與四勢同唯劍從右下砍劍刃向左左手上指

十三勢　刺心

左足向右後斜退成剪子股式同時劍收右膝左手垂於胯旁再退左足劍前刺齊肩刃向下左手輔之

十四勢　托腕環走刺脇

劍後挽至頭右側時左足提起復進左足

劍自下兜上（兩手姿勢同十七勢）走成半圓繼作刺脇勢

十五勢　抱劍

同上節十六勢

十六節　撕劍

同上節附撕劍

十七勢　劈頭

進右足同時劍從左轉上而劈頭左手上指再折左腕劍向後旋回連退數步成單鞭勢

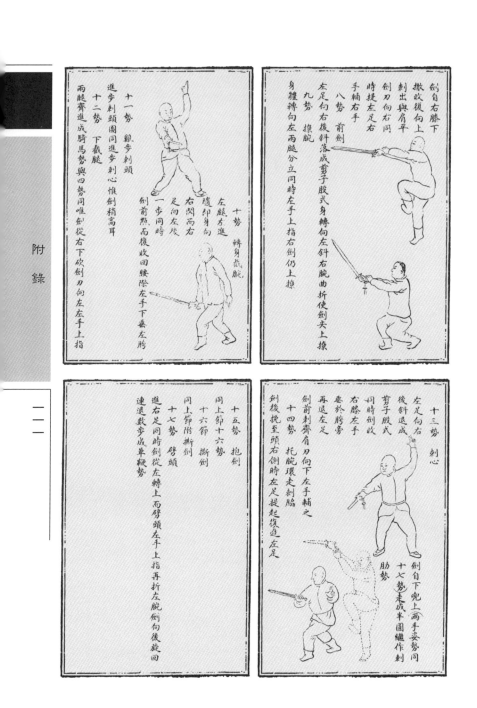

第六章　三合劍

三合劍者最精奥最應用之劍也三體合三節合心意氣合始可言三合也此劍撲實無　剛而含柔實而含虛虛中有實雖起承轉合亦皆精確絕倫劍之精者能攻防合一虛實無定攻中含防防中有攻敵意其虛者吾即以虛者實之敵意其實者吾即以實者虛之變化不可方物此劍足以當之

第一節　路線

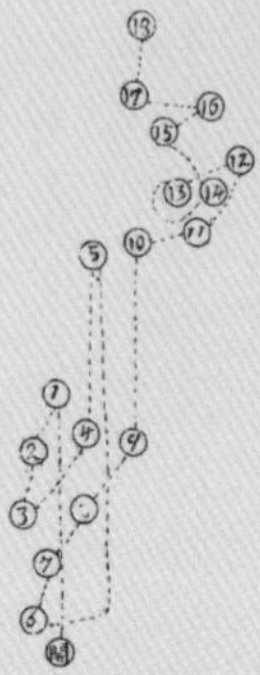

第二節　動作

一勢　單鞭勢

開始為単鞭勢面對路線兩腿自然併立左手上指手心向後右手持劍下垂劍身須平劍刃向下圖與三才劍第一段二節一勢同

二勢　雞步刺心

圖說同三才劍第二段第二節一勢

三勢　猛落腕

猛落右腕劍尖上挑身體須向下縮

猛落腕圖

四勢　單鞭勢

右足即行靠左足左手上指右劍平持面向左仍成單鞭勢

五勢　上截腕

左足向左一步全身重点移於左腿上同時右手握劍向右劈劍刃向上與右肩平名曰上截腕

単鞭勢圖

六勢　下截腕

將劍收回向斜下方錯出左手附於右手手心均向下劍刃向右同時將右足提起足尖離手少許腹向後收上體微向前傾面仍對路線名曰下截腕

上截腕圖

七勢　刺脇

圖說同三才劍第一段第二節十五勢

八勢　抱劍

說同三才劍第一段第二節十六勢圖如下

下截腕圖

抱劍圖

九勢　撕劍

說同三才劍第一段第二節附撕劍圖如左

十勢　刺脇

復進右足成弓步兩手握劍向前平刺圖與三才劍第一段第二節

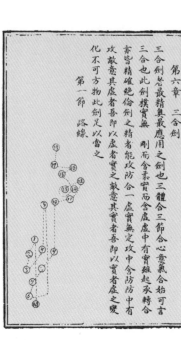

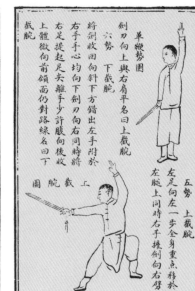

十五勢同

十一勢　抱劍

抱劍勢同七動

十二勢　撕劍

撕劍同九勢

十三勢　刺膕

進右足劍平刺同十勢

十四勢　劈頭

急將右手後撤左腳前進右腳連進成弓步同時右手手心向外翻以劍畫成圓形從上向前劈出右手齊肩劍尖微昂左手向後下方指出名曰劈頭劍

撕劍圖

十五勢　退步外截腕

右手向右捋使劍尖向左下方点之同時左手從後向前復向左捋與右手一齊動作此時兩臂外張如鳥之兩翼飛隨即用碎步向後急退以足尖点地退至適當距離以右足支地向左後斜跳兩腳再一齊落地右腳在前而全身重点移於左腿上兩腿微曲同時劍由下方從左向右畫圓弧劍刃向下劍尖低

劈頭劍圖

退步外截腕圖

與膝齊左手輔助右手與小腹距離少許名曰外截腕

十六勢　取耳

兩足齊進同時右手手心轉向上劍刃亦向上劍尖微昂兩手舉劍與口平向前刺出名曰取耳

十七勢　下截腿

兩足齊向前躍進身體轉向左成騎馬勢上體稍向前傾同時左手上指右手握劍向右下砍之手心向下劍刃向

取耳圖

右手與臍同高劍刃則稍低矣

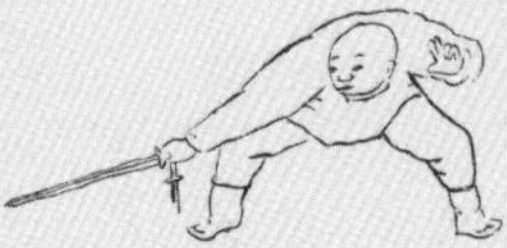

十八勢　抱劍

抱劍同七勢

十九勢　撕劍

撕劍同八勢

二十勢　刺膕

刺膕同九勢

二十一勢　劈頭

劈頭同十二勢

二十二勢　單鞭勢

右腳向右後退一步左腳引靠右腳右手向右捋使劍尖下点隨即持平劍身左手上指成單鞭勢

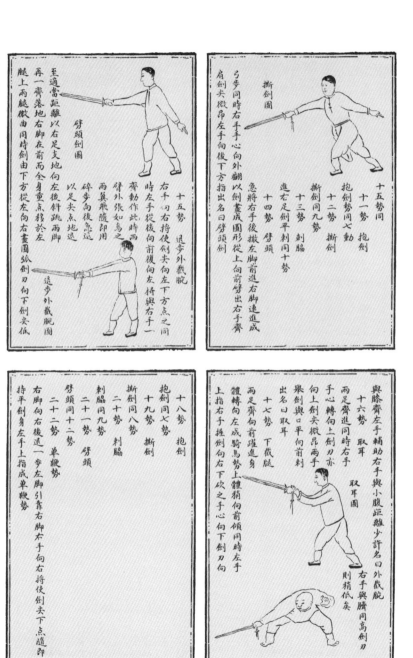

二十三勢　軟折腰

右脚復退一步左脚仍引靠之同時上身向後仰左手輔助右手將劍向前点出劍刃向上約與口齊名曰軟折腰

二十四勢　提右足上舉劍

左脚向左前進一步右膝引靠左膝右足稍提全身微向左傾同時兩手將劍上舉過頂頭在兩臂中央

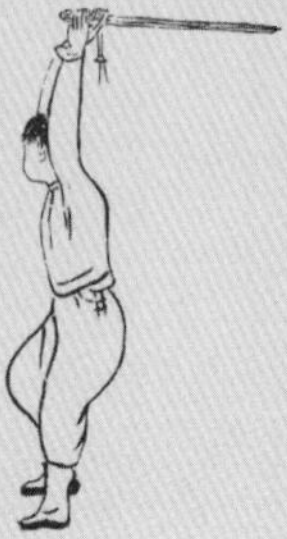

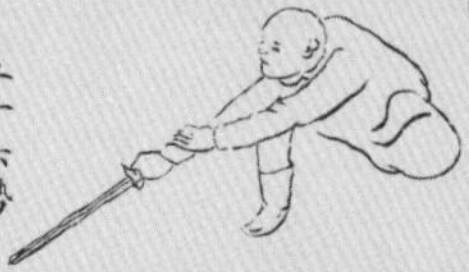

二十五勢　跪左膝下截腿

隨後右脚前進一步左膝点地兩手握劍向右下砍之右手手心向下劍刃向右

上舉腕圖

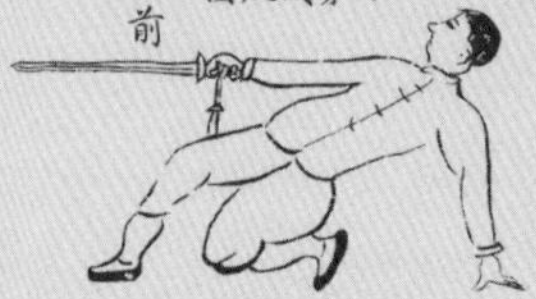

仰身截腕圖

二十六勢　上舉腕

再將右手外翻手腕曲折高於膝齊劍下垂刃向前

二十七勢　仰身截腕

以左手着地(向身後落)身向後仰劍向前点腕

二十八勢　起身刺脇

刺脇同九勢

二十九勢　抱劍

抱劍同七勢

三十勢　撕劍

撕劍同八勢

三十一勢　刺脇

刺脇同九勢

三十二勢　抱劍

抱劍同七勢

三十三勢　单展翅

右脚反向後進一步右手握劍向前点左手上指名曰单展翅

单展翅圖

三十四勢　轉身截腕

將劍收回藏於腰際身體伏下由左向後轉左脚不動右脚向右進步成弓步全身重点移於右腿上同時以劍向左前点之劍刃向下左手附於右腕

轉身截腕圖

三十五勢　斬膊

右脚引靠左脚劍刃向右推向前名曰斬膊

三十六勢　托腕

右腿引向後而身劍隨之右手心復轉

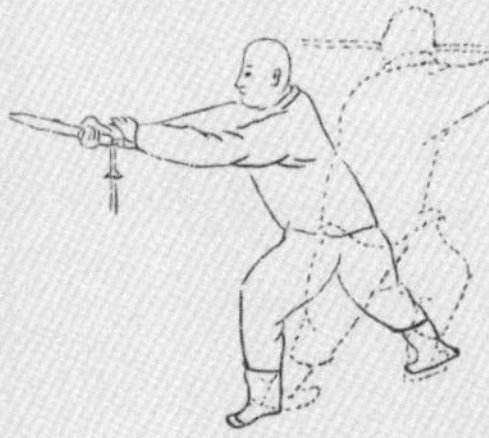

斬膊圖

向上以劍向前推之此時身體重点復移於左腿上右手與肩平劍刃向右名曰兜腕

三十七勢　下截腕

提起右足劍向右下截之姿勢同五勢

三十八勢　刺脇

刺脇同九勢

三十九勢　抱劍

抱劍同七勢

四十勢　撕劍

撕劍同八勢

四十一勢　外截腕

以劍從下轉上截敵人之手腕兩脚位置不動圖同十四勢

四十二勢　收勢

隨即後退數部仍成单鞭勢

注　除单鞭勢外凡一動作

意　兩眼須注視劍尖

此劍分上下手可以對擊下手動作與上手相同惟路線與次序稍異兹以圖標示路線以數字表示其動作之次序

第一節　路線

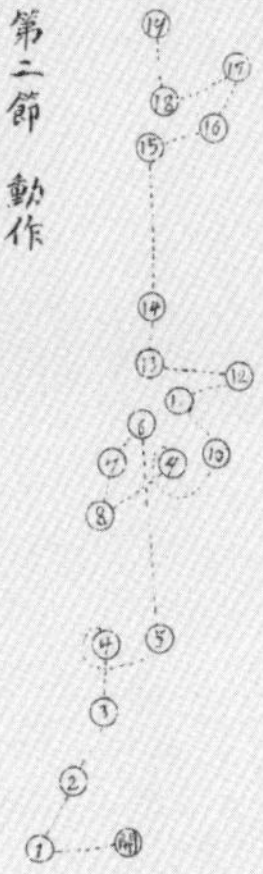

第二節　動作

一勢　外截腕同上十五勢

二勢　取耳同上十六勢

三勢　下截腿同上十七勢

四勢　抱劍同上十八勢

五勢　撕劍同上十九勢

六勢　刺脇同上二十勢

七勢　抱劍同上廿八勢

八勢　单展翅同上三十三勢

九勢　轉身截腕同上三十四勢

十勢　進步刺心同上二勢

十一勢　猛落腕成单鞭勢同上二十二勢

十二勢　上截腕同上五勢

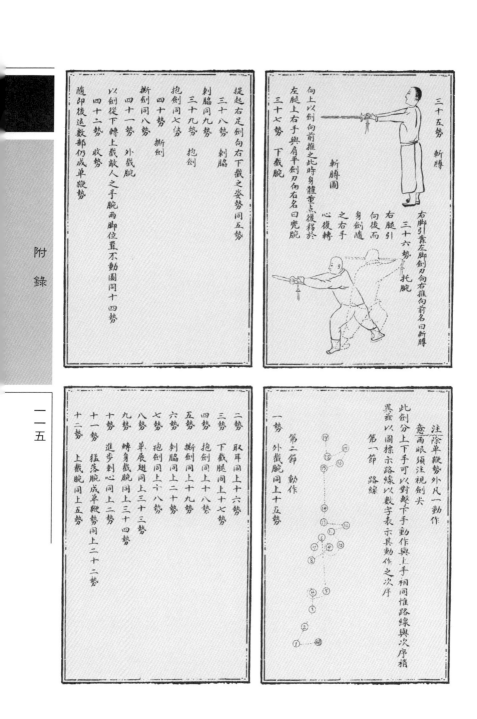

十三勢　下截腕同上六勢
十四勢　刺脇同上七勢
十五勢　抱劍同上八勢
十六勢　撕劍同上九勢
十七勢　刺肋同上十勢
十八勢　抱劍同上八勢
十九勢　单展翅同上三十三勢
二十勢　轉身截腕同上三十四勢
二十一勢　斬膊同上三十五勢
二十二勢　托腕同上三十六勢
二十三勢　下截腕同上三十七勢

二十四勢　刺脇同上三十八勢
二十五勢　抱劍同上三十九勢
二十六勢　撕劍同上四十勢
二十七勢　刺脇同上十三勢
二十八勢　進步劈頭同上十四勢
二十九勢　单鞭勢同上二十二勢
三十勢　軟折腰同上二十三勢
三十一勢　提右足上舉劍同上二十四勢
三十二勢　跪左膝下截腿同上二十五勢
三十三勢　上舉腕同上二十六勢
三十四勢　仰身截腕同上二十七勢

三十五勢　刺脇同上二十八勢
三十六勢　抱劍同上二十九勢
三十七勢　撕劍同上三十勢
三十八勢　刺脇同上三十一勢
三十九勢　上吊腕將劍下垂腕上舉成九十度後收劍退數步作單鞭勢

上吊腕圖

附錄一　五行劍①

五行劍，用五行拳之勢法而舞劍也。其步法身法大同而小異，節中詳言之②。其名稱仍用劈、鑽、崩、炮、横五字。

劍本右手執柄，而左手或護額或捋肘或附柄或在胸或在背後作勾，獨五行單力③、五行寶劍均用雙手，與執朴刀④同，蓋手雙則力倍也。劍柄短不能容雙手，則左手只在柄頭用力耳。

五行劍皆單練法，每勢皆分左右，僅寫起落兩圖者，見左則知右，見右則知左也。練習無定數，視也⑤勢之長短耳，學者當由此入手。

【注釋】

①本書附錄五行劍、連環劍、梅花劍、三才劍、三合劍，均為《武術研究社成績錄》節選章節。

②節中詳言之：山西本為「於各節中詳言之」。（一九一九年，張桐軒於山西國民師範學校任教，並印行《形意拳古譜》《拳術講義》，簡稱山西本。）

③力：原文誤作「力」，據山西本當為「刀」。

④朴刀：大刀的一種，也稱「雙手帶」。樸，音ㄆㄛ。

⑤也：原文誤作「也」，據山西本當為「地」。

第一節　劈　劍

劈劍左勾則右腿落前，右掛則左腿落前。劍落時用全身之力，勢甚猛厲，最難防禦。

一、路線（附圖一—一）

附圖1-1
劈劍路線

二、起　勢①

劍左勾左腿進，劍由後起至頂上，右腳依右腿提起，眼平視，作欲落狀。（附圖一—二）

附圖1-2　起勢圖

三、落　勢②

劍與右腿齊落，劍立劈，左腿微跟。（附圖一—三）

附圖1-3　落勢圖

【注釋】

①起勢：預備勢，兩足併立，右手持劍，劍尖向前，與地面平行。左手成陰掌，指尖向前（以下四劍預備勢與此相同）。起勢，右手持劍抬至小腹前，左手於右手下握住劍柄，劍由身左勾劍，經下、後、上畫弧，至頭頂上方，劍左勾。同時左腿前進一步，右足緊跟提靠於左踝關節。目平視前方。

②落勢：右腿進一步，同時雙手持劍自頭上向前下方劈出，左腿跟進小半步，重心放在前腿。

四、回 身①

右腿在前則左轉身，左腿在前則右轉身，身轉則前腳在後、後在前，仍然前腳進，劍或左勾或右掛，後腳提為起勢，提腳前落，劍立劈，後腳跟為落勢。右腳在前之路線，如下圖（附圖一—四）。

附圖1-4
回身路線

【注釋】

①回身：右腿在前則左轉身（左腿在前則右轉身），轉身後則前足變成後足，後足變成前足。以右足在前為例：右足回扣，左足轉向後方，變為前足，左足墊步，右足緊跟提靠左踝關節。同時劍尖向上、再向身左勾劍，舉至頭頂上方。右足前進一步，同時劍向下劈出，與落勢同。

按：左足在前時動作相同，惟左右相反。

第二節 鑽 劍

鑽劍亦分左右兩勢，左起則右腿落前，起勢陽手，落勢陰手；右起則右①腿落前，起勢陰手，落勢陽手。劍出如游龍，路線稍曲。

一、路線（附圖一—五）

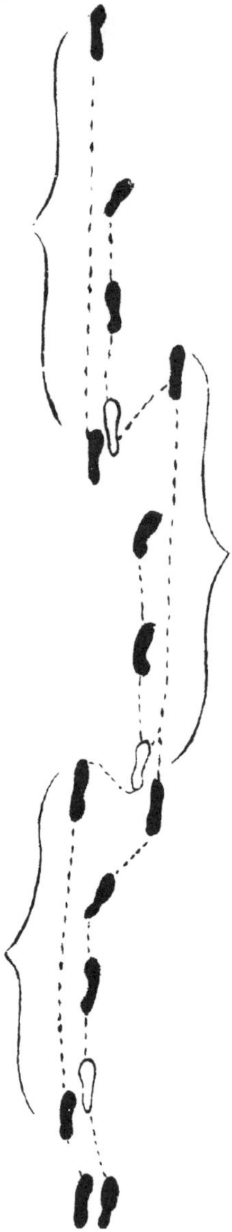

附圖1-5 鑽劍路線

二、起 勢②

左腿斜進，右腿隨而過之，身蹲劍陽，手撤至左胯，眼前視，作欲出狀。

（附圖一—六）

三、落　勢③

右腿進劍外掛，左腿進劍由上繞回，成一小圈，陰手剪腕，左腿絀，右腿交④。（附圖一—七）

附圖1-6　起勢圖

附圖1-7　落勢圖

四、回　身⑤

左腿在前則右轉身，左為起勢，劍陰手。右腿在前則左轉身，右為起勢，劍陽手。落勢同上。左腿在前之路線，如下圖（附圖一—八）。

附圖1-8
回身路線

【注釋】

①右：原文誤作「右」，根據文義當為「左」。

②起勢：接預備勢，左腿墊步，右手持劍抬至小腹前，左手於右手下握住劍柄。右腿向左前方進一步，右足落於左足左前方，身體下蹲，兩手撤至左胯旁，劍刃向外，目視前方。

③落勢：右腿墊步，劍經身體右側掛劍。左腿進一步，劍經下、後、上畫

弧向敵腕砍出，掌心向下。砍出的同時右腿前進一步，重心落於右腿，左腿微曲。

④交：原文誤作「交」，據裴錫榮藏《李存義劍譜》（簡稱裴本）當為「支」。

⑤回身：左腿在前則右轉身，左為起勢。回扣左足，向右轉回身，右足尖斜向右，左腿向右前方進一步，左足落於右足右前方，身體下蹲，手成陰手握劍撤至右胯旁。左足墊步，劍向身體左側勾劍。右腿進一步，劍經後下、後、上畫弧向前方敵腕砍出，砍出的同時左腿進一步，重心落於左腿，右腿微曲。右為起勢，陽手握劍，落勢同上。

第三節　崩　劍

崩劍皆剪腕，劍亦分左右兩勢，在左旁者右腳跟，在右旁者左腳跟。此其區別也。無起勢，分左右勢。

一、路 線（附圖一－九）

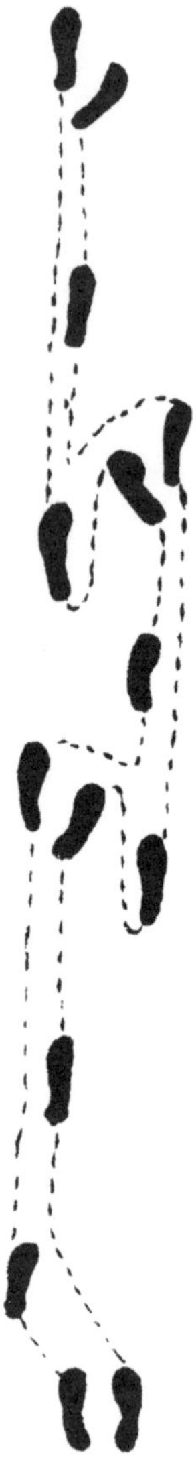

附圖1-9
崩劍路線

二、左崩劍①

左腿斜進（若接右崩則左腿撤），右腿隨至左腿而前進，左腿直進右腿跟，劍於左腿斜進時撤至左胯，於左腿再進時剪腕，鋒又②斜。（附圖一－十）

三、右崩劍③

右腿撤，左腿隨撤至右腿而前進。右腿直進，左腿跟。劍於左腿撤時亦撤至右胯，於右腿直進時剪腕，鋒左斜。（附圖一－十一）

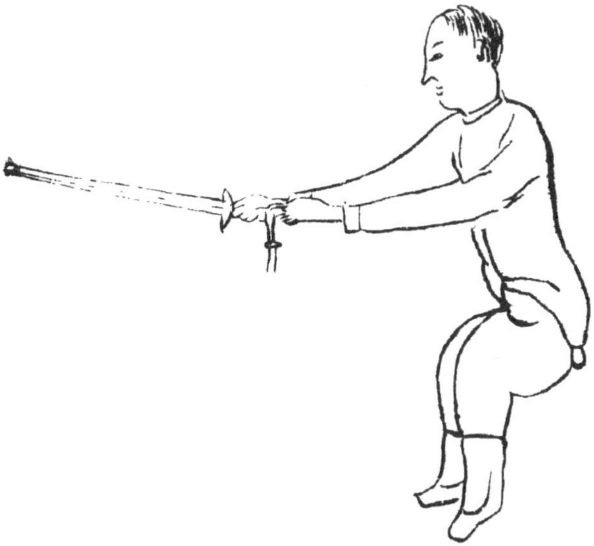

附圖1-10　左崩劍圖

附圖1-11　右崩劍圖

四、回 身

崩劍回身有二：一與崩拳回身相同；一左腿在前則用左崩劍，右腿在前則用右崩劍。今舉左腿在前之路線，如左（附圖一—十二）。

附圖 1-12
回身路線

【注釋】

①左崩劍：接預備勢，左腿向左前方進一步，右腿隨進至左腿前，兩手持劍收回左胯。左腿直向前進一步，右腿緊跟至左腿後。同時，雙手持劍向前剪腕，劍刃微向右斜。

②又：原文誤作「叉」，據裴本當為「右」。

③右崩劍：右腿向後撤一步，左腿跟隨撤至右腿前，同時兩手持劍撤至右胯。右腿向前直進一步，左腿緊跟，兩手持劍向前剪腕，劍刃微向左斜。

第四節　炮　劍

炮劍左為托腕劍①，右為剪腕劍②，比崩劍稍高，左則左勾，右則右掛，左右皆柄高鋒低，用全身力。

【注釋】

①托腕劍：劍由下向上砍敵手腕。

②剪腕劍：劍由上向下砍敵手腕。

一、路　線（附圖一—十三）

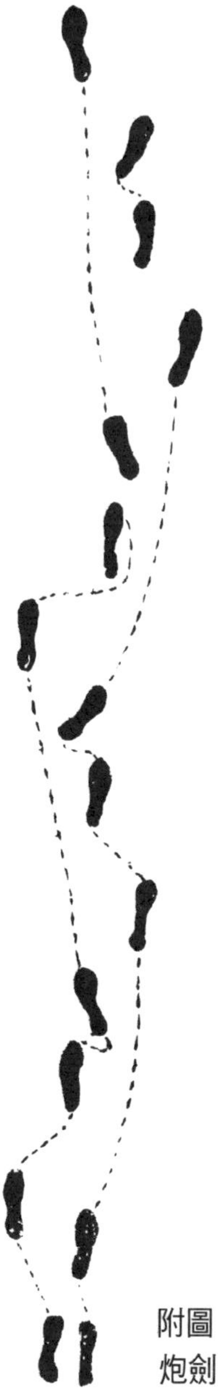

附圖1-13
炮劍路線

二、左炮劍①

左腿斜進、絀（此自開勢言之，若接右炮劍為之，則右腿先進，左腿繼進，右腿跟），劍自胸前左勾而上托，右腿稍跟、支，左手護額。（附圖一—十四）

【注釋】

①左炮劍：接預備勢，左腿向左前方進一步，右手持劍在胸前左勾，畫一立圓，向左上方托劍。手心向上，右腿稍跟伸直。同時，左手升至頭左上方，掌心朝上。

附圖1-14　左炮劍圖

按：若開勢直接右炮劍，則右腿先向右前進一步，左腿繼續進一步。同時劍在胸右前方畫一立圓，向右上方托劍，左手置於右肘下，左腿稍跟，成弓步。

三、右炮劍①

左腿進，劍由胸前右掛而上托，右腿進、絀，左腿跟、支，左手置肘下。（附圖一——十五）

【注釋】

①右炮劍：左腿墊步，劍在胸前右掛畫立圓，向右前方托劍。同時右腿向右前方進一步，成弓步，重心在右腿。

附圖1-15　右炮劍圖

四、回　身

回身同炮拳，左腿在前則右轉身，右腿在前則左轉身；右轉身則作左炮劍，左轉身則用右炮劍。今舉左腿在前之路線，圖如下（附圖一—十六）。

附圖1-16
回身路線

第五節　橫　劍

橫劍與炮劍劍路相同，獨步法異耳。此劍勢大而束，如入無人之境，最易制勝。

一、路　線（附圖一——十七）

附圖1-17
橫劍路線

二、左橫劍①

左腿進劍左裹，右腿進、絀，劍由頂繞圈剪腕，左腿跟、支，劍柄高鋒低，左手護額（附圖一——十八）。

【注釋】

①左橫劍：接預備勢，左腿進一步，右手持劍左裹，劍在頭頂畫圓，向左橫砍敵腕。同時右腿進一步，左腿稍跟，重心在右腿。左手護頂。

附圖1-18　左橫劍圖

三、右橫劍①

右腿進，劍右掛，左腿進、絀，劍由頂繞圈剪腕，右腿跟、支，劍柄高鋒低，左手置肘下。（附圖一——十九）

【注釋】

①右橫劍：右腿橫進一步，劍右掛，在頭頂畫圓向右橫砍敵腕，同時進左腿，右腿稍跟，重心在左腿。左手置於右肘下。

附圖1-19　右橫劍圖

四、回　身

右腿在前則左轉身，左腿在前則右轉身。如右腿在前則左腳轉為一，右腿進為二，左腿進為三。如下圖（附圖一—二十）。

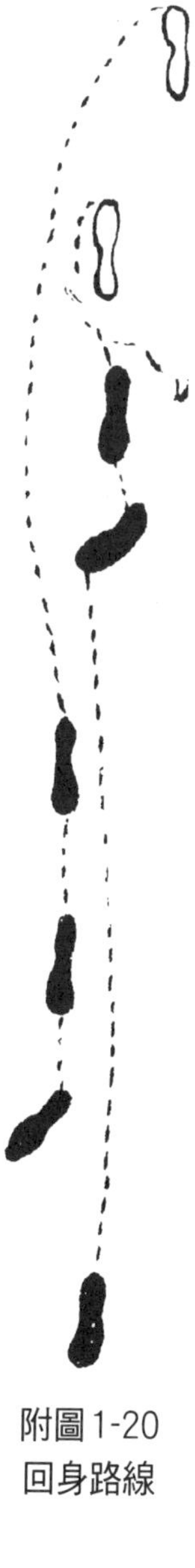

附圖1-20
回身路線

附錄二　連環劍

刀槍棍劍，皆以拳為母，錯綜五拳之勢，而連續之，合為一套。進步退步，如環之無端，又進又退，如環之相連，謂之連環拳。用其套而掄刀，謂之連環刀。盤槍，謂之連環槍。打棍，謂之連環棍。故曰：連環劍之名，本於連環拳也。

此劍十勢，各自不同，往復練之，乃歸原勢。以其進而復退，退而又進也。範圍較小，練習於狹隘之地，甚為適宜。

第一節 路線

開勢收勢，仍用常法，與他劍同。其路線如左（附圖二—一）。

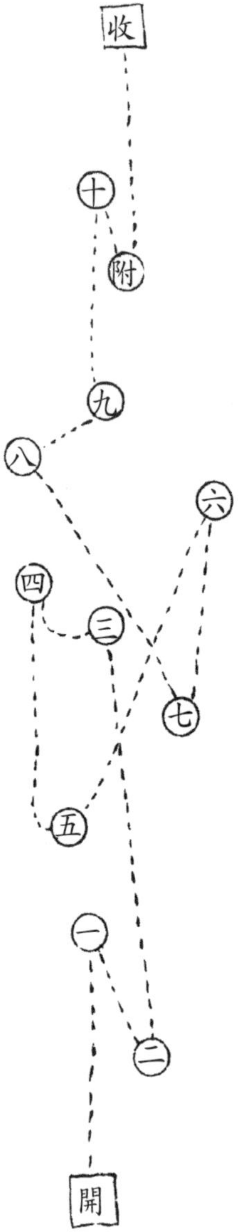

附圖2-1　連環劍路線

第二節 動作

一勢、進步崩劍①

由開勢左腿落進，右腿隨進，抵左趾，腳稍橫，劍隨右腿直進，搖刺心，

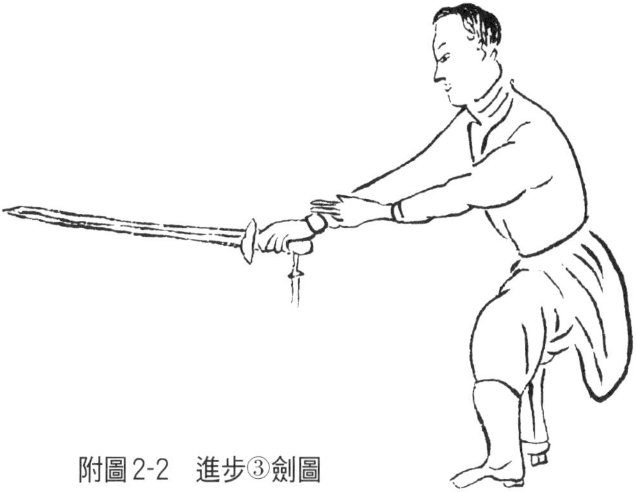

附圖 2-2　進步③劍圖

左手拊②柄，兩腿稍曲。（附圖二—二）

二勢、退步剪形劍④

右腿退，劍後掛，左腿退，劍由肩頭陰手剪腕，左手置腕下。（附圖二—三）

附圖 2-3　退步剪形劍圖

三勢、進步裹砍⑤

左腿進，劍左裹，左手在肩窩，右腿進，劍橫砍，右腿絀，左腿支，左手護額。（附圖二—四）

【注釋】

①進步崩劍：先進左足，進半步，右足疾跟，靠於左足後踵，兩腳成人字形，兩腿微曲。同時，劍由右向下方搖動，畫圓形，向前崩出，力達劍尖，刺心部。

②拊：音ㄈㄨˇ，握。

③原文此處脫一「崩」字，應作「進步崩劍圖」。

附圖2-4　進步裹砍圖

④退步剪形劍：由前勢向下拉轉，劍尖以逆時針畫圈。同時右腿退一大步，左腿在右腿後做倒行步，兩腿成剪形，刺敵腕部。

⑤進步裹砍：先進左足，大進右足，成右弓步。同時，劍尖向下，柄向上，用力外裹，斬敵腰。

四勢、進步刺劍①

身撤右腿撤，提劍隨之，左手拊柄，右腿落進，劍隨身陽手前刺，即提左腳至膝，右腿獨立而稍曲，左手仍拊柄。（附圖二—五）

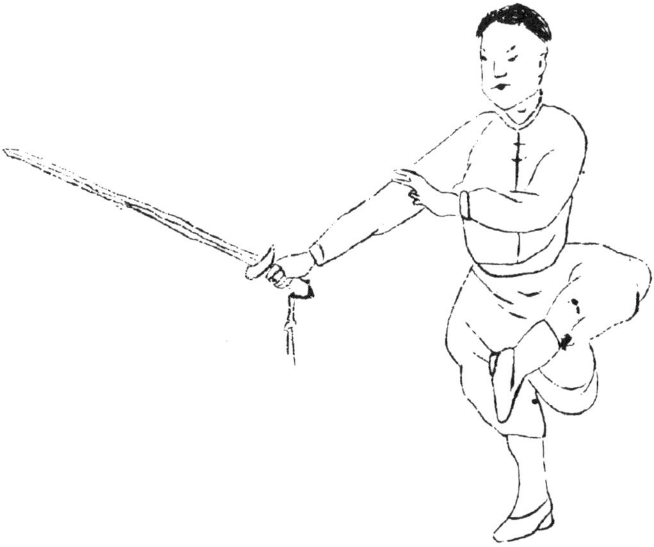

附圖2-5　進步刺劍圖

五勢、轉身劈劍②

左手落至柄前，而後捋身轉，右腿進，劍隨身轉，左手上起過頭，身轉，左腿進，劍在身後，左手在臍下，劍立劈，左腿提至膝，左手上翻護額。（附圖二—六）

附圖2-6　退步轉身劈劍圖

【注釋】

①進步刺劍：由前勢撤右足，劍隨之急撤，落進右足，劍亦隨之。同時，提起左足於膝上，左手置於胸前，身直立，目視前方。

②轉身劈劍：左手附劍柄，落左足，向左後轉。同時，拉劍由上向下作車輪形，由頂向下立劈。仍提左足，左手護額。

六勢、進步炮劍①

左腿落進，劍自左肩撩進，右腿進，面西南陽手剪腕，右腿絀，左腿支，左手置腕下。（附圖二—七）

【注釋】

①進步炮劍：落左腿，進右腿。同時，劍由上而下掄轉圓形，向右前方撩挑，左手附於右肘下。右腿弓，左腿伸直，上體前傾。

附圖2-7　進步炮劍圖

七勢、退步鈎掛藏身劍①

右腿退，劍左鈎右掛，左腿退，提至膝，劍倒提，斜橫面前，左手置胸前偏右。（附圖二—八）

【注釋】

①退步鈎掛藏身劍：先進左腿，劍向左下方勾；再退右腿，劍同時向右方掛，即提左足至膝，而倒提劍，斜橫面前，左手附於右脅間。鈎，同「勾」。

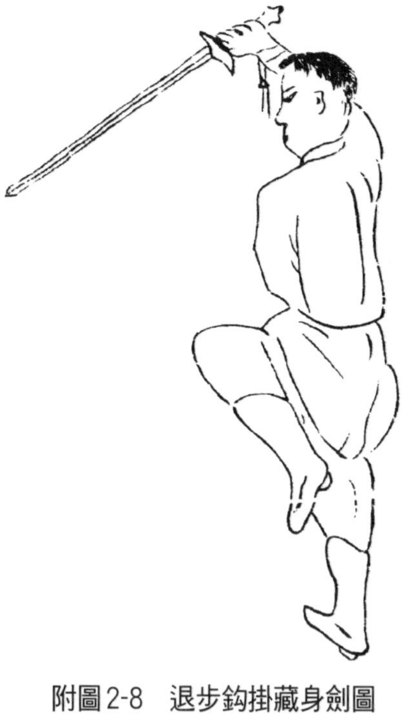

附圖2-8　退步鈎掛藏身劍圖

八勢、進步托劍①

左腿落，斜進，面東南，劍掄轉，陽手左推，左腿絀，右腿支，左手置頂上。（附圖二—九）

【注釋】

①進步托劍：先落左足，再催左足進半步。同時，劍反轉，陽手向前刺，左手護額。左腿坡直，右腿跟步、弓膝。

附圖2-9　進步托劍圖

九勢、進步陰手剪腕①

左腿橫進至中線，劍掛，右腿進，腳橫踏，劍陰手剪腕，兩腿微曲，左手置腕下。（附圖二—十）

【注釋】

①進步陰手剪腕：接前勢，劍向右下方掛，至後而上，用陰手剪腕。同時，稍進左足，恒進右足，兩膝相接，腿成剪子股式，左手置腕下。

附圖2-10　進步陰手剪腕圖

十勢、進步崩劍①

左腿進，右腿隨進，抵左趾，腳稍橫，劍隨右腿直進，搖刺心，左手拊柄，兩腿稍曲。（附圖二—十一）

【注釋】

①進步崩劍：同第一勢。劍刺出時，劍尖稍高，刺敵胸部。

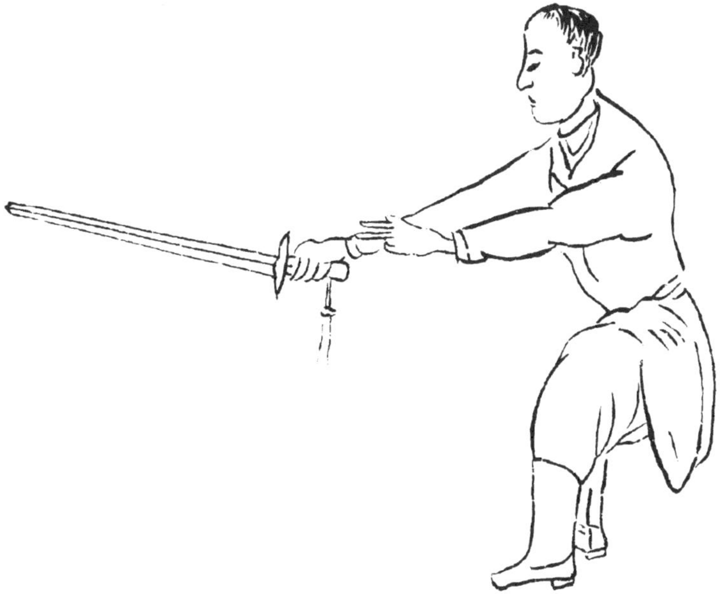

附圖2-11　進步崩劍圖

附轉身剪腕劍①

右轉身劍隨掛，右腿進，腳橫踏，劍陰手剪腕，兩腿微曲，左手置腕下。（附圖二—十二）

【注釋】

①轉身剪腕劍：劍向右下方掛，提右腿，身向右後方轉，右足橫落，作剪形劍，陰剪腕，左手置於右腕上，兩腿微曲。

附圖 2-12　轉身剪腕劍圖

附錄三　梅花劍

第一節　路線（附圖三—一）

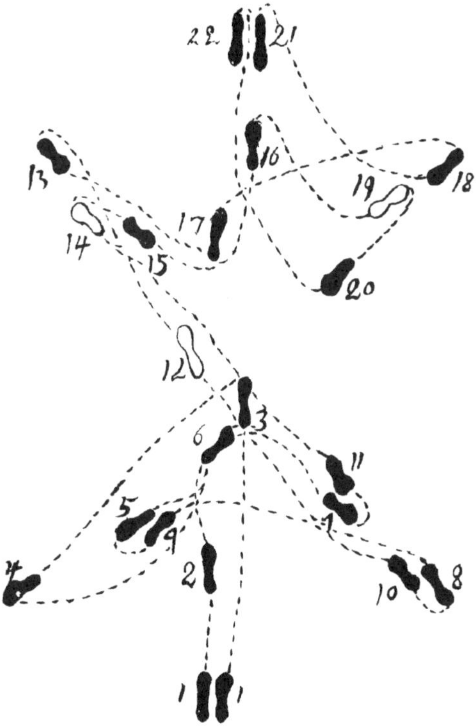

附圖 3-1　梅花劍路線

1. 1. 開勢
2. 3. 推劍
4. 5. 右展
6. 7. 橫劍
8. 9. 右展
10. 11. 轉剪
12. 13. 捋肘
14. 15. 推劍
16. 17. 橫劍
18. 19. 鑽劍
20. 推劍
21. 22. 收勢

第二節 動作

一、開　勢①

面正南，右手執劍，直立頭頂，垂肩，舌上頂，左手伸大、食兩指。（附圖三—二）

二、推　劍②

左腿進，右腿隨進，劍斜推剪腕，左手拊柄。（附圖三—三）

三、左　展③

左轉身，左腿向東北進，劍撩，右腿進，劍後劈，左手置頭上。（附圖三—四）

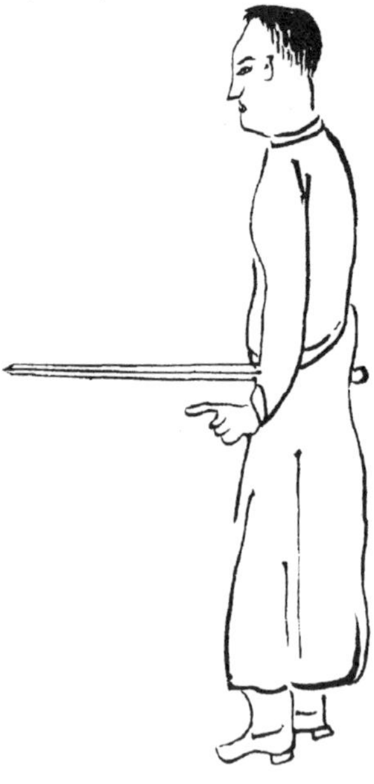

附圖3-2　開勢圖

附圖 3-3　推劍圖

附圖 3-4　左展圖

四、橫　劍④

左轉身，劍裹，右腿進、絀，劍陽手剪腕，左腿支，左手護額，面南。（附圖三—五）

【注釋】

①開勢：面向正南方向，身體直立，頭往上頂，肩往下垂，舌頂上齶。右手持劍，劍刃朝下，與地面平行，左手拇指、食指伸直，其餘三指彎曲，掌下按。

②推劍：左腿進一步，右手持劍抬至腹前，左手附於右腕，右腿緊接著進一步，劍尖向上、向左、向下畫

附圖3-5　橫劍圖

圓，向前斜推劍，左手附於劍柄。

③左展：身向左轉，左腿向東北進一小步，劍逆時針畫弧向上撩劍。右腿向東北進一步，兩腿成剪子步。同時，劍左勾畫圓，向後劈，左手升至額頭，掌心向上。

④橫劍：右足回扣，身體左轉回身向南，劍裏回隨身轉。右腿進一大步，成弓步。劍尖順時針畫圓，右手掌心向上持劍剪敵腕。

五、右　展①

右腿向西北撤，身右轉，劍掛，左腿西北進，劍繞置左肩，成敗式，左手置身後，作勾。（附圖三—六）

【注釋】

①右展：右腿向西北撤一步，身體向右

附圖3-6　右展圖

轉，同時劍右掛，左腿向西北進一步。右手持劍逆時針畫圓，劍置於左肩處，成敗勢，左手伸向身後，向上勾。

六、轉　剪①

右轉身，面東南，劍隨身轉，至身前作小圈陰手剪腕，腳順，左手置頂上。（附圖三—七）

【注釋】

①轉剪：身體右轉面向東南，劍回掛，隨身體右轉，至身前，劍逆時針畫小圓，掌心向下剪敵腕。右足直向東南，重心移至右腿，成弓步。

附圖 3-7　轉剪圖

七、捋　肘①

右腿與劍並撤，左腿②捋肘，左腿向東南進，右腿大進，劍自左肘下鑽過，身左轉，右腿絀，左腿支，左手置肘下。（附圖三—八）

附圖 3-8　捋肘圖

【注釋】

①捋肘：右腿撤至左腿後，同時劍撤回，左手置於右肘下。左腿向東南墊一步，右腿進一大步。同時劍從左肘下鑽過，身體左轉，劍置於頭上方。右腿彎曲，左腿伸直，左手置於肘下。

②腿：當為「手」。

八、推　劍①

劍由膝下勾過，右腿進、絀，劍又回鋒前推，柄左鋒右，左腿支，左手拊柄，面西北。（附圖三—九）

【注釋】

①推劍：重心移至左腿，劍經膝下回勾，右腿進一大步。同時右手翻掌，掌心向上，持劍向前推出，左手附於劍柄。重心落於右腿，左腿伸直，面朝西北。

附圖3-9　推劍圖

九、橫　劍①

左轉身，左腿隨，右腿進、絀，劍自身前作圈，陽手平砍，左腿支，左手護額，面南。（附圖三—十）

【注釋】

①橫劍：身體左轉，左腿隨身體轉向東南。右腿進一大步，成弓步，劍在身前逆時針畫圓，右手掌心向上持劍平砍。左手護於額頭，左腿伸直，面向南方。

附圖3-10　橫劍圖

十、鑽　劍①

劍翻陰手不動，身自劍下勾而南鑽，進②，轉身面東北，劍翻陽手剪腕。（附圖三—十一）

【注釋】

①鑽劍：右手翻掌，掌心向下持劍不動，身體微彎從劍下方鑽出。進左腿，轉身面向東北，右手翻掌，掌心向上持劍剪敵手腕。

②進：原文作「進」，據文義當為「進左腿」。

附圖3-11　鑽劍圖

十一、推　劍①

劍由膝下外掛，左腿進、絀，劍又回鋒前推，柄右鋒左，右腿支，左手拊腕。（附圖三—十二）

【注釋】

①推劍：劍由右膝下向外掛，左腿前進一步，成弓步，劍尖逆時針畫圓向前推出，掌心向下，右腿伸直，左手附於右腕。

附圖3-12　推劍圖

十二、收　勢①

劍勾，退左腿，劍掛，退右腿，面北，兩腳並立，與開勢同。（附圖三—十三）

【注釋】

①收勢：劍向身左勾，左腿撤至右腿後，劍向右掛。右腿撤至左腿後，兩足並立，劍收至體右側，與開勢同。

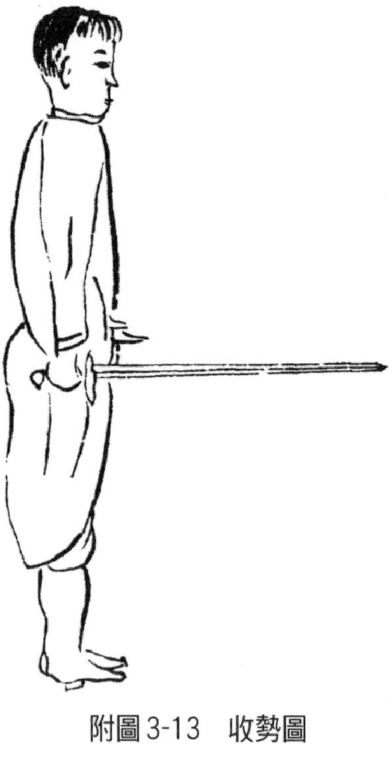

附圖3-13　收勢圖

附錄四　三才劍①

天地與人，謂之三才。劍以三才名者，因其變化玄妙無窮，如天地也。此劍分兩段，平時練習，合而為一，有時對手，復分為二。蓋兩段，適相生克，攻防合宜也。

【注釋】

①三才劍：民國二十一年（一九三二年），徐士金著《三才劍學》，對李存義所傳三才劍進行詮釋。

徐士金，皖北人，幼從耿繼善先生遊，潛心國術，又富軍事學識，能劈刺術，凡於刀劍戈矛拳角諸術，皆造詣頗深，而於三才劍，尤有功力。民國十九年

（一九三〇年）春，服務於警士教練所，任技術教官，嗣兼充武漢中央軍校技術科教官，期間出版《三才劍學》。

據該書考證，三才劍源自岳武穆，元明秘而未傳，幾成絕學。清初蒲東姬際可由終南山得岳武穆拳劍各譜，遂詳加習練，昕夕不輟，岳武穆之技得以復彰，一時從遊者甚多，曹繼武傳其衣缽。曹性任俠，從遊者如戴龍邦等，皆能秉承師教。

戴，晉人，在河北傳教甚多，李老能乃其高徒。豪俠之輩，如郭雲深、劉奇蘭諸人，得其傳焉。由是各收徒傳習，如宋世榮、車毅齋、白西園諸人競相傳習，風靡一時。李存義、耿繼善、周明泰諸先生亦各有門徒，如尚雲祥、李星階、李子揚、杜奉朝、秦月如、高專靜、杜勇勇、杜振川、劉希鵬皆從李存義精研細究。耿繼善亦傳耿霞光（子）、鄧雲峰、張輔卿、高珍貴等。

第一段

第一節　路　線（附圖四—一）

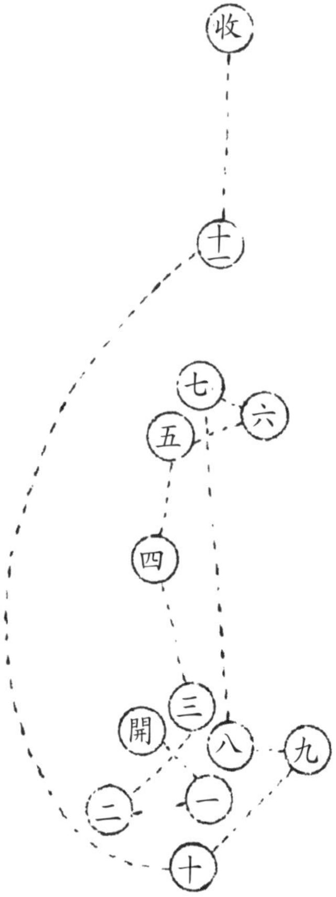

附圖 4-1　第一段路線

第二節　動作

一勢、起首單鞭勢①

與路線成直角，先將左腿前出，同時右手持劍，與左手亦前出，復後收至腰際，手掌前出為陰，後收為陽，劍刃向右，左腳虛收。

左足前進，右手握劍陽出，左手隨之，連進右足，右手手心向外，腕須曲，以劍向後畫圓形，劍刃向下。

左手亦如之，左足引靠右足，左手上指，右足踏一步，左腿提起，然後身轉向左落，左足成弓步，劍平刺，刃向右，左手後指。

右腕猛落，使劍尖上撩，然後進右足，同時右手手心向外，右腕曲折，以劍向後畫圓形。左足引靠右足，左手則自心口鑽出，由下旋回而後指。落此勢

附圖4-2　單鞭勢圖

時，手足劍三者要合，猛落腕，左手上指，右劍持平，成單鞭勢。（附圖四—二）

二勢、提左足裏截腕②

右足後撤，急提左足，同時右手持劍向下錯之。左手輔助右手，劍刃向右，手心向下，上體微向前傾，小腹微向後收。此截腕也。（附圖四—三）

三勢、搖劍③

左足著地，手不變，惟曲腕使劍直立，面側。此上搖劍也。（附圖四—四）

附圖 4-3　提左足裏截腕圖

附圖 4-4　搖劍圖

四勢、提右足下截腕

劍隨即由左旋下，同時右足提起，左手上指，劍刃仍向右。身體稍向左側，右手持劍在右膝外。此下截腕。（以上三劍上中下連貫一氣，所以名三才也）（附圖四—五）

附圖 4-5　提右足下截腕圖

【注釋】

①起首單鞭勢：預備勢，右手持劍不動，左手無名指與小指曲回，食指與中指靠攏直伸，大指獨伸，左手向前移動，至丹田（肚臍以下一寸三分為丹田）之前稍停，掌心向上，小指緊靠丹田向上移動，即形意拳中之上鑽，至眉部再急力猛翻，向上伸直，掌心向上，食、中二指稍向右斜，兩目上翻，注視指端。

②提左足裹截腕：劍出以刺敵人之膝部，兩目凝神一致，注視劍端，頭之後頂向上頂勁，下頦裡收，面向東南。

③搖劍：此劍法原用於敵人用械斬打我之上右部時，用以將敵械領至自身之右，則敵械失其作用。此亦破敵械之法。

五勢、刺脇①

右手持劍向裏纏裹，劍刃轉向下，左手即附右手，然後右足前進成弓步，劍向前平刺。（附圖四—六）

附圖4-6　刺脇圖

六勢、右剪臂②

右腕後撤至頭之右側，手心斜向外，劍刃斜向上。此時右手後指，左足跟步，兩膝相交，成剪子股式。腿不動，身體向左扭，右劍向左裹，與身平行，劍刃向上，劍身與人身均斜立。然後進左足，成弓步，劍由下旋回而斫之。劍刃轉向右，劍尖低下，同時左手附於右手。（附圖四—七）

【注釋】

①刺脅：進步刺脇，乃刺擊之法。法有三種：對喉擊刺、對胸擊刺、翻身刺襠，所謂上中下三刺擊。此進步刺脇

附圖4-7　右剪臂圖

為刺中部之法。

②右剪臂：全身重量放置於兩胯之上，劍尖低下，以刺敵之襠部。

七勢、左裏劍刺喉①

身向左扭，右足微進，同時劍向左裏，劍刃向左，劍尖向上昂，兩手約與肩平。然後進右足，提左足，同時左手上指，右劍前刺，與肩平，劍刃仍向左。

（附圖四—八）

【注釋】

①左裏劍刺喉：此勢為刺喉

附圖4-8　左裏劍刺喉圖

之劍。刺身要平。同時將左足提起，置於右膝之左側。左手揚起於頭頂之上部，用力上頂，以襯其勢，則右足方可立穩固。

八勢、猛落劍刺心

左足向右後斜落，兩膝相交，成剪子股式低。同時左手下指，在胯間，右劍下落，藏於膝下，然後右足後退，同時左手上指，右劍斜刺與肩平，劍刃向下高。

（附圖四—九）

附圖4-9　猛落劍刺心圖

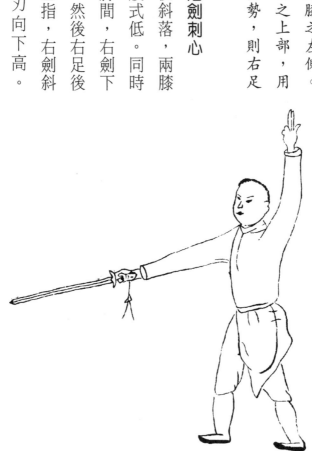

九勢、勾掛劍截腕

將劍摘出，右腕曲折，手心向外鈎①掛，而後截腕。同時右足先進，左足連進（向左方），復提右足，左手上指。（附圖四—十）

【注釋】

①鈎：同「勾」。此處從原文。

十勢、右　展①

猛落右腕，隨即右足後落，成弓步，同時劍向後挽，劍身持平，與下挽齊，距離少

附圖4-10　勾掛劍截腕圖

許，左手撐出，掌在腰際。（附圖四—十一）

【注釋】

①右展：右足向後退落，仍用抽劍法，身體與右手俱向後抽，兩足尖與身體俱向正西，惟面向左（即向南），右腿略弓，左腿斜形伸直。兩臂左右伸開而稍曲，形如半月，兩手均成陰手，右手持劍作平行線，橫於胸前，劍尖稍低，左手後撐，高度與右胯同。兩目左視，以備敵人，是又可為守望勢。

附圖4-11　右展圖

十一勢、轉身截腕

先提左足，後退數步，然後由左猛向回轉，左腳橫落，兩膝相交，成剪子股式。同時右劍裹出，右肘須低，劍刃向左，左手附右手，手勢極低下。（附圖四—十二）

十二勢、提左足下剪腕

右劍上舉而下砍，同時提起左足，左手上指。（附圖四—十三）

十三勢、轉身崩劍

由上式左足向後落，右足不動，同時身體轉向左後，仰劍上崩，左手仍上指。（附圖四—十四）

附圖4-12　轉身截腕圖

附圖 4-13　提左足下剪腕圖

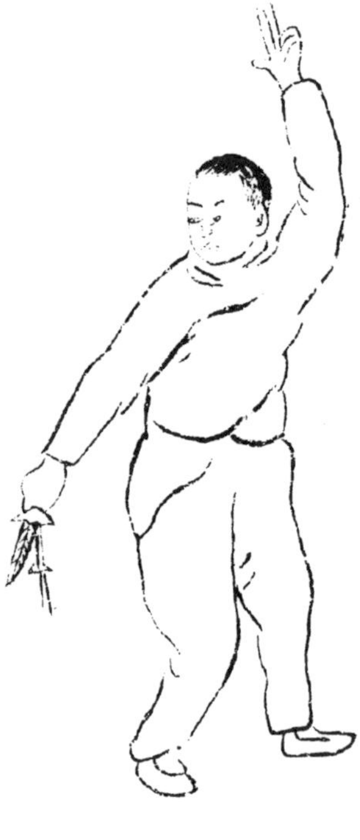

附圖 4-14　轉身崩劍圖

十四勢

右腿向左後方斜退，成弓步，同時身體轉向右，稍向前探，左手附手，以劍自下向上畫圓形，劍刃在上，及至後旋，劍至頭上時，左腿隨起隨落，劍則搜右腿前出，掌心向上，劍須橫平，左掌與右掌平行，若捧物然，連進右足，微向左偏，走成大半圓，至路線彼端，左側左足在前，作撕劍式。（附圖四—十五）

附撕劍

右足向左後退一大步，左足足

附圖4-15

尖稍向右移，成左前弓步勢。同時以劍畫圓弧，貼左腿撕出，劍刃向上，劍身須平，左手向後下方指出，右手手心向右，右臂竭力擰勁。（附圖四—十六）

十五勢、刺脇①

進右足，將劍向前平刺，劍尖與心口齊，左手扶助右腕，是謂刺脇。（附圖四—十七）

【注釋】

①刺脇：左足不動，右足向前直進一步。同時用劍左勾，以破敵器，再向敵之脇部直刺，左手伏於

附圖4-16　撕劍圖

附圖4-17　刺脇圖

右腕之左，兩目注意劍端。右腿成弓形，左腿後崩，襠要合扣，則全身之力不致散。

十六勢、抱　劍

身向左轉，右足後移，以弓步變為騎馬勢。同時將劍收回，右手手心向上，劍刃向右，左掌附著劍靶，距胸少許，成抱劍勢。（附圖四—十八）

十七勢、收　勢

身體低縮而右偏，劍則右出，而左割之，連退數步，左手上指，右劍持平，成單鞭勢。（附圖四—十九）

附圖4-18　抱劍圖

附圖4-19　收勢圖

第二段

第一節　路　線（附圖四—二十）

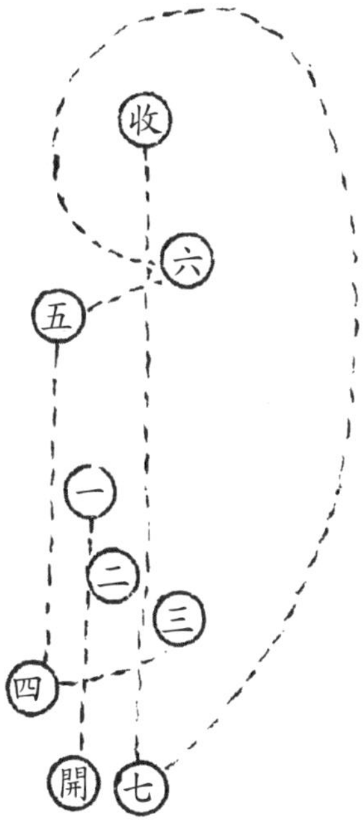

附圖4-20　第二段路線

第二節　動　作

一勢、雞步刺心①

由單鞭勢先出左足，連踏兩步，然後右足進一大步，右腿弓，左腿崩，成弓步勢。同時左手輔助右手將劍向前刺出（刺心），劍刃向上，與肩平，身體稍向前探，為使劍遠出也。（附圖四—二十一）

二勢、落　腕

劍猛撤，兩手握劍藏右膝左側。

附圖4-21　雞步刺心圖

三勢、刺　喉②

由二勢復提左足，同時左手上指，劍平刺，與肩平，劍刃向左。（附圖四—二十二）

【注釋】

①雞步刺心：兩目注視劍鋒，右腿在前成弓形，左腿在後伸直，身體要豎直，稍向前傾。

②刺喉：左足提起，同時劍向正南方、敵人之喉部反刺，右手虎口向前，手心向後。劍則上下成鋒刃，劍端與劍柄適平，兩目注視劍尖。左手揚起於頭頂之上，用力上頂。

附圖 4-22　刺喉圖

四勢、下截腿

左足後落，身轉向左，成騎馬勢，同時右劍自上而下從左砍腿，劍刃轉向右。（附圖四—二十三）

五勢、抱　劍

同上節十六勢。

六勢、外點腕

右足後撤，兩膝相交，成剪子股式，同時左手後指，劍前點。（附圖四—二十四）

七勢、刺　喉

劍自右膝下撤收，復向上刺出，與肩平，劍刃向右，同時提左足，右①手輔右手。（附圖四—二十五）

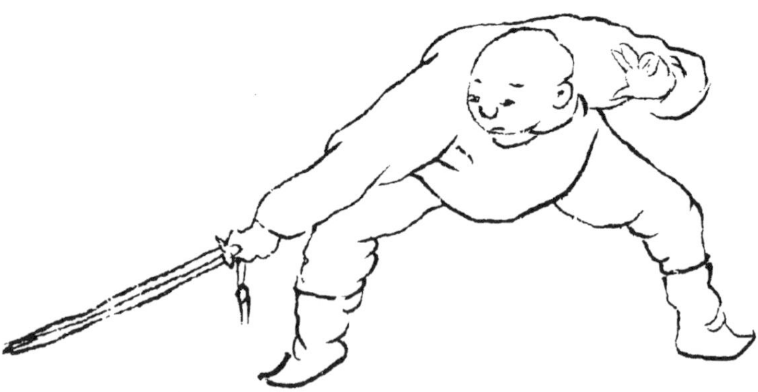

附圖4-23　下截腿圖

附圖 4-24　外點腕圖

附圖 4-25　刺喉圖

【注釋】

①右：原文誤作「右」，據文義當為「左」。

八勢、前　劍

左足向右後斜落，成剪子股式，身轉向左斜，右腕曲折，使劍尖上撩。（附圖四—二十六）

九勢、撩　腕

身體轉向左，兩腿分立，同時左手上指，右劍仍上撩。

附圖 4-26　前劍圖

十勢、轉身截腕

左腿左進，隨即身向右閃，而右足向左後一步，同時劍前點，而復收回腰際，左手下垂左胯。（附圖四—二十七）

附圖 4-27　轉身截腕圖

十一勢、雞步刺頭

進步刺頭，圖同進步刺心，惟劍稍高耳。

十二勢、下截腿

兩腿齊進，成騎馬勢，與四勢同，唯劍從右下砍，劍刃向左，左手上指。

（附圖四—二十八）

附圖4-28　下截腿圖

十三勢、刺　心

左足向右後斜退，成剪子股式，同時劍收右膝，左手垂於胯旁，再退左足，劍前刺，齊肩，刃向下，左手輔之。（附圖四—二十九）

附圖4-29　刺心圖

十四勢、托腕環走刺脇

劍後挽至頭右側，時左足提起，復進左足，劍自下兜上（兩手姿勢同十七

勢），走成半圓，繼作刺肋①勢。（附圖四—三十）

十五勢、抱　劍

同上節十六勢。

十六節②、撕　劍

同上節附撕劍。

十七勢、劈　頭

進右足，同時劍從左轉上而劈頭，左手上指，再折左腕，劍向後旋回，連退數步，成單鞭勢。

【注釋】

①肋：當為「脇」。

②節：當為「勢」。

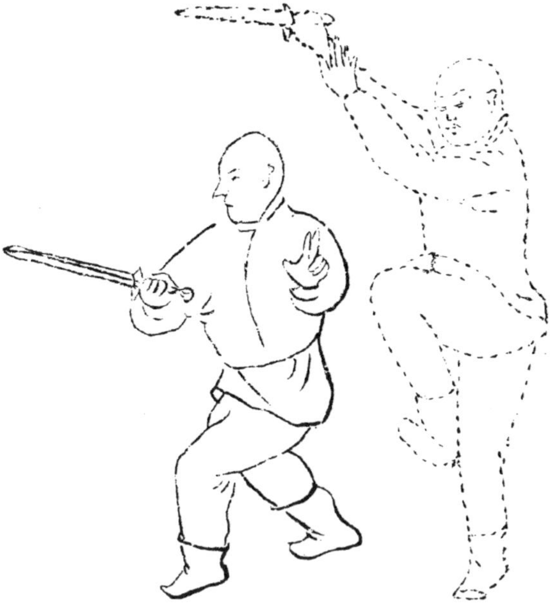

附圖4-30　托腕環走刺脇圖

附錄五　三合劍①

三合劍者，最精奧、最應用之劍也。三體合、三節合、心意氣合，始可言三合也。此劍樸實無華②，剛而含柔，實而含虛，虛中有實，雖起承轉合，亦皆精確絕倫。劍之精者，能攻防合一，虛實無定，攻中含防，防中有攻。敵意其虛者，吾即以虛者實之；敵意其實者，吾即以實者虛之。變化不可方物，此劍足以當之。

【注釋】

①三合劍：三合劍是「定興三李」（河北定興縣李彩亭、李文亭、李耀亭三兄弟，又稱「李氏三傑」）家傳的劍法。「定興三李」祖上精刀術，其中三合刀就是其祖傳刀法之一。民國十二年《近今北方健者傳》載：清朝末年，淶水縣武林隱士宋老梁避難李家，見李氏家族演練三合刀，讚歎不已，曰：「是劍也，

君家習為刀，精固精矣。」遂以劍法相授。李存義與「定興三李」的父親李良棟為刎頸之交，故李存義之三合劍得自於李良棟。民國初年，「定興三李」主持並執教中華武士會，「出其家傳三合劍授學者」，從此三合劍被中華武士會的傳人傳到大江南北。在傳承過程中，各地傳人所傳三合劍的套路產生了些許差異，但基本動作招式仍然相同。本書影印「三合劍譜」出自《武術研究社成績錄》，該書中三合劍的動作名稱與李氏家族保存的《三合劍譜》動作名稱不同，現將李家保存的劍譜（以下簡稱李譜）各式名稱抄錄於下：

一勢、太公釣魚，二勢、單舉鼎，三勢、黑虎出洞，四勢、鳳凰抬頭，五勢、二郎擔鞭，六勢、哪吒探海，七勢、黑虎出洞，八勢、童子抱瓶，九勢、翻江倒海，十勢、黑虎出洞，十一勢、仙人指路，十二勢、鳳凰展翅，十三勢、伏虎劍，十四勢、青龍取水，十五勢、海底針，十六勢、童子抱瓶，十七勢、翻江倒海，十八勢、黑虎出洞，十九勢、童子抱瓶，二十勢、翻江倒海，二十一勢、仙人指路，二十二勢、霸王舉鼎，二十三勢、白蛇吐信，二十四勢、白猿獻桃，二十五勢、黑虎出洞，二十六勢、童子抱瓶，二十七勢、翻江倒海，二十八勢、黑虎出洞，二十九勢、童子抱瓶，三十勢、揚手伏虎，三十一勢、轉身伏虎，三十二勢、鴻雁送書，三十三勢、海底撈沙，三十四勢、哪吒探海，三十五勢、童子抱瓶，三十六勢、翻江倒海，三十七勢、陰陽合一，三十八勢、展翅收勢。

②華：原文脫此「華」字，據上下文加。

第一節　路　線（附圖五—一）

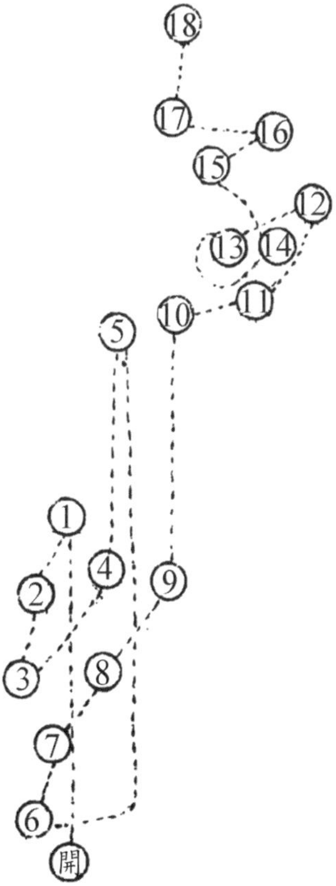

附圖5-1
三合劍上手動作路線

第二節 動作

一勢、單鞭勢①

開始為單鞭勢，面對路線，兩腿自然併立，左手上指，手心向後，右手持劍下垂，劍身須平，劍刃向下。圖與三才劍第一段二節一勢同。

二勢、雞步刺心②

圖說同三才劍第二段第二節一勢。

三勢、猛落腕③

猛落右腕，劍尖上挑，身體須向下縮。（附圖五—二）

附圖5-2　猛落腕圖

【注釋】

①單鞭勢：面對路線圖，動作分兩部分。

第一部分，兩腿自然併立，右手持劍，劍身與地面平行，左手握劍訣（食、中二指直伸，無名指和小指曲回，拇指扣在曲回兩指的指甲上），掌心朝下。抬左腿，身向左轉，左腿向路線正前方進一步。同時左手前伸指向前方，接著右手持劍由下向後再向上畫弧，經頭上方向前下方點劍，臂與肩平，劍尖略低於肩。左手下落向身後伸出，右腿跟進一步與左腿並齊。此勢李譜稱太公釣魚。

第二部分，然後右手持劍下落體側，劍身與地平行，劍刃朝下。同時左手從身後下落向前再向上抬起至頭上方，掌心向後。此勢李譜稱單舉鼎。

②雞步刺心：接前勢，左腿進一步，緊接著向前蹦一小步落地（雞步），右足提起，向前進一步，右腿成弓步，左腿蹬直。同時右手持劍向前刺，左手從頭下落置於右手腕處。此勢李譜稱黑虎出洞。

③猛落腕：右腕猛向下落，同時身體略向下沉，劍尖向上挑。此勢李譜稱

鳳凰抬頭。

四勢、單鞭勢①

右足即行靠左足，左手上指，右劍平持，面向左②，仍成單鞭勢。（附圖五—三）

【注釋】

①單鞭勢：右足收並於左足，身體直立，面向左方。左手劍訣上指，掌心向後，臂伸直。右手持劍收回體側，劍身與地平行，劍刃朝下。此勢李譜稱二郎擔鞭。

②左：當為「右」。

附圖5-3　單鞭勢圖

五勢、上截腕①

左足向左一步，全身重點移於左腿上。同時，右手握劍向右劈，劍刃向上，與右肩平，名曰上截腕。（附圖五—四）

【注釋】

①上截腕：左足向左進一步，重心落於左腿，右腿蹬直。同時，右手持劍由下向左經頭上方，向右劈劍，劍與右肩平。此時，左手劍訣下降，經面前向左再向上畫圓置於頭頂上方，掌心朝上。

附圖5-4　上截腕圖

六勢、下截腕①

將劍收回，向斜下方錯出，左手附於右手，手心均向下，劍刃向右。同時，將右足提起，足尖離手少許，腹向後收，上體微向前傾，面仍對路線。名曰下截腕。（附圖五—五）

附圖5-5　下截腕圖

【注釋】

①下截腕：將劍收回，劍尖經上、左、下、右撩出，劍刃向右，左手附於右手腕。同時提起右足，手接近足尖，腹回收，身體微前傾，面向右方。上截腕、下截腕在李譜中稱哪吒探海。

七勢、刺　脇①

圖說同三才劍第一段第二節十五勢。

八勢、抱　劍②

說同三才劍第一段第二節十六勢。圖如下（附圖五—六）。

九勢、撕　劍③

說同三才劍第一段第二節附撕劍。圖如下（附圖五—七）。

附圖5-6　抱劍圖

附圖5-7　撕劍圖

【注釋】

①刺脅：轉身體向前，劍尖向前，刃朝下，右腿前進一步，成弓箭步，前弓後繃。右手持劍向前刺出，左手仍附於右腕。此勢李譜稱黑虎出洞。

②抱劍：由弓箭步變騎馬步，身體左轉，右手轉掌心向上，劍刃向左，收回右手，左手附於劍柄，相距少許。此勢李譜稱童子抱瓶。

③撕劍：右手掌心轉向內，劍刃向後，劍由前向上、向後、向下、向前撩出，掌心向右，左手由肋下向後伸出。同時右腿經左腿後面撤一大步，成倒插步，重心放於左腿，左足斜向前方。此勢李譜稱翻江倒海。

十勢、刺　脇①

復進右足成弓步，兩手握劍向前平刺。圖與三才劍第一段第二節十五勢同。

十一勢、抱　劍

抱劍勢同七②動。

十二勢、撕　劍

撕劍同九勢。

十三勢、刺　脇

進右足，劍平刺，同十勢。

【注釋】

①刺脇：右足前進一大步，成弓箭步，右手持劍向前平刺，劍刃向下，同時左手收回附於右腕。

②七：原文誤，當為「八」，指本節八勢、抱劍。

十四勢、劈　頭①

急將右手後撤，左腳前進，右腳連進，成弓步。同時，右手手心向外翻，以劍畫成圓形，從上向前劈出，右手齊肩，劍尖微昂，左手向後下方指出。名曰劈頭劍。（附圖五—八）

附圖 5-8　劈頭劍圖

【注釋】

①劈頭：接前勢，轉劍尖向下、向後、向上，同時左手向前指，左足進一步。緊接著右足前進一步，成弓箭步，重心在前腿。右手持劍向下劈敵人頭部，左手向身後指出。此勢李譜稱仙人指路。

十五勢、退步外截腕①

右手向右捋，使劍尖向左下方點之，同時，左手從後向前復向左捋，與右手一齊動作。此時，兩臂外張，如鳥之兩翼飛，隨即用碎步

附圖 5-9　退步外截腕圖

向後急退，以足尖點地，退至適當距離，以右足支地向左後斜跳，兩腳再一齊落地，右腳在前，而全身重點移於左腿上，兩腿微曲。同時，劍由下方，從左向右畫圓弧，劍刃向下，劍尖低與膝齊，左手輔助，右手與小腹距離少許。名曰外截腕。（附圖五—九）

【注釋】

①退步外截腕：右手轉掌心向下，劍刃向外，向右捋劍，劍尖向左下點顫；同時左手回身前，向左捋，與右手一齊動作。此時兩臂外張似小

鳥兩翼飛的樣子。兩足足尖點地向後碎步急退，退至適當距離，以右足支地向左後斜跳，兩足再一齊落地，右足在前，重心再移至左腿，兩腿微曲。同時劍由下方從左向右畫圓弧，劍刃向下，劍尖低與膝齊，左手附於右手腕，與小腹距離少許。此勢李譜稱鳳凰展翅、伏虎劍。

十六勢、取　耳①

兩足齊進，同時，右手手心轉向上，劍刃亦向上，劍尖微昂，兩手舉劍與口平，向前刺出。名曰取耳。

（附圖五—十）

附圖5-10　取耳圖

十七勢、下截腿②

兩足齊向前躍進，身體轉向左，成騎馬勢，上體稍向前傾。同時，左手上指，右手握劍向右下砍之，手心向下，劍刃向右，手與臍同高，劍刃則稍低矣。（附圖五—十一）

十八勢、抱　劍

抱劍同七③勢。

【注釋】

①取耳：右足進一步，同時左足跟進（此圖有誤，應右腿在前），右手轉至掌心向上，劍刃向上向前刺出，兩手舉劍高與口平。此勢李譜稱青龍取水。

②下截腿：右足橫跨一步，左足稍跟，面向左，成騎馬勢。同時左手上指，上體微前傾，右手握劍轉

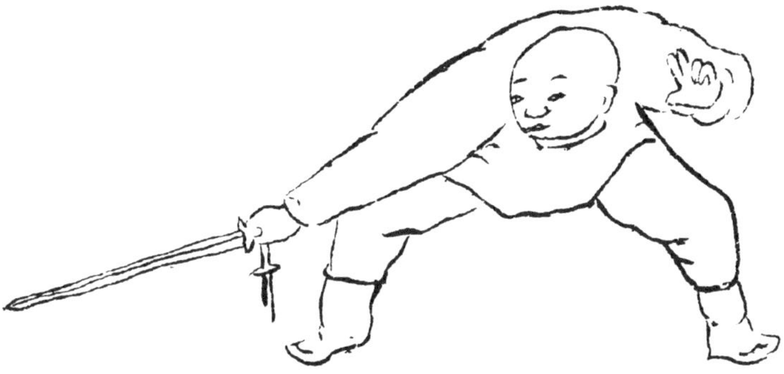

附圖 5-11　下截腿圖

掌心向下砍劍，劍刃向右，手與臍等高，劍刃稍低。此勢李譜稱海底針。

③七：當為「八」。

十九勢、撕　劍

撕劍同八①勢。

二十勢、刺　脇

刺脇同九②勢。

二十一勢、劈　頭

劈頭同十二③勢。

二十二勢、單鞭勢④

右腳向右後退一步，左腳引靠右腳，右手向右捋，使劍尖下點，隨即持平劍身，左手上指成單鞭勢。

二十三勢、軟折腰⑤

右腳後退一步，左腳仍引靠之。同時，上身向後仰，左手輔助右手將劍向

前點出，劍刃向上，約與口齊。名曰軟折腰。（附圖五—十二）

二十四勢、提右足上舉劍⑥

左腳向左前進一步，右膝引靠左膝，右足稍提，全身微向左傾。同時，兩手將劍上舉過頂，頭在兩臂中央。（附圖五—十三）

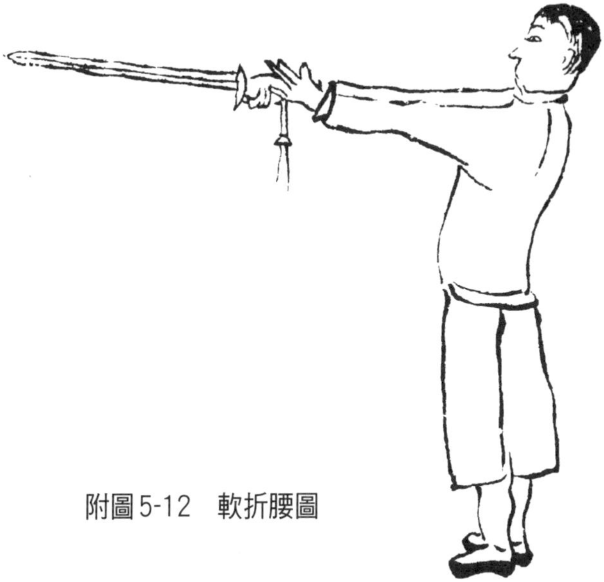

附圖5-12　軟折腰圖

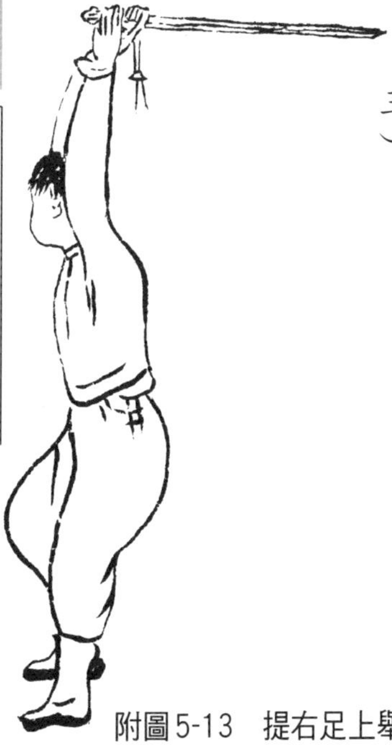

附圖5-13　提右足上舉劍圖

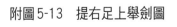

【注釋】

①八：當為「九」。

②九：當為「十」。

③十二：當為「十四」。

④單鞭勢：右足向右後方退一步，左足跟著併於右足，身體直立。右手持劍向右捋，劍尖下點隨即持平劍身，左手向上指。此勢李譜稱霸王舉鼎。

⑤軟折腰：右足向後退一步，左足跟著退步併於右足，上身微向後仰。右手將劍向前點刺，左手附於右手腕，劍刃向上約與口齊。此勢李譜稱白蛇吐信。

⑥提右足上舉劍：左足向左前進一步，右腿跟進，右膝緊靠左膝，右足稍提，全身微向左傾。同時兩手將劍回勾，向下向後再向上舉起過頭頂，頭在兩臂中央，劍刃向上。

二十五勢、跪左膝下截腿①

隨後右腳前進一步，左膝點地，兩手握劍，向右下砍之，右手手心向下，

劍刃向右。（附圖五—十四）

二十六勢、上舉腕②

再將右手外翻，手腕曲折，高於膝齊，劍下垂，刃向前。（附圖五—十五）

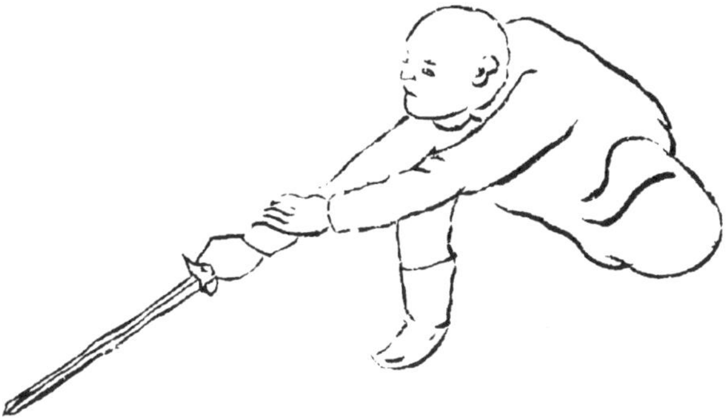

附圖5-14　脆左膝下截腿圖

附圖5-15　上舉腕圖

二十七勢、仰身截腕③

以左手著地（向身後落），身向後仰，劍向前點腕。（附圖五—十六）

【注釋】

①跪左膝下截腿：上勢不停頓，右足前進一步，左膝點地。右手握劍向右下砍去，左手附於右腕。

②上舉腕：再將右手外翻，劍尖往回勾，手腕曲回高與膝齊，劍下垂，刃向前。

③仰身截腕：以左手拄地，身體向後仰，劍尖從後向上再向前下方點砍敵腕。二十四勢、二十五勢、二十六勢、二十七勢一氣合成，李譜稱白猿獻桃。

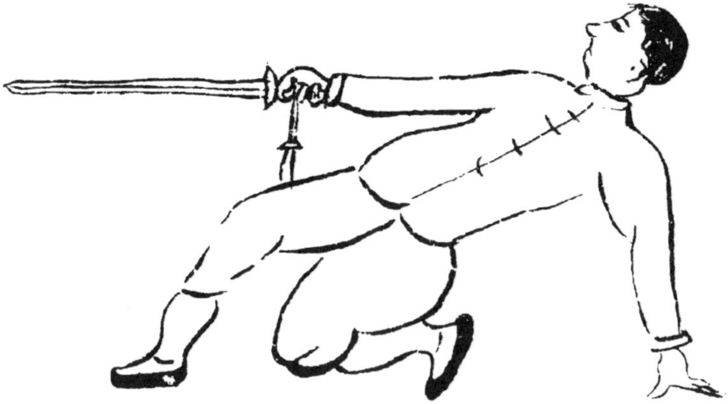

附圖5-16　仰身截腕圖

二十八勢、起身刺脇
刺脇同九①勢。
二十九勢、抱　劍
抱劍同七②勢。
三十勢、撕　劍
撕劍同八③勢。
三十一勢、刺　脇
刺脇同九④勢。
三十二勢、抱　劍
抱劍同七⑤勢。

【注釋】

①九：當為「十」。

②七：當為「八」。

③八：當為「九」。
④九：當為「十」。
⑤七：當為「八」。

三十三勢、單展翅①

右腳反向後進一步，右手握劍，向前點，左手上指。名曰單展翅。（附圖五—十七）

三十四勢、轉身截腕②

將劍收回，藏於腰際，身體低下，由左向後轉，左腳不動，右腳向右進步，成弓步，全身重點移於右腿上。同時，以劍向左前點之，劍刃向下，左手附於右

附圖5-17　單展翅圖

腕。（附圖五—十八）

【注釋】

①單展翅：右足經左足前向後進一步，腳橫落。右手握劍向前點，左手上指。此勢李譜稱揚手伏虎。

②轉身截腕：將劍收回藏於腰際，左腿向後進一步，右腿再進一步，身體向左轉回向前，重心放於右腿。同時劍向左前點腕，劍刃向下，左手附於右腕處。此勢李譜稱轉身伏虎。

三十五勢、斬　膊①

右腳引靠左腳，劍刃向右推向前，名曰斬膊。（附圖五—十九）

附圖5-18　轉身截腕圖

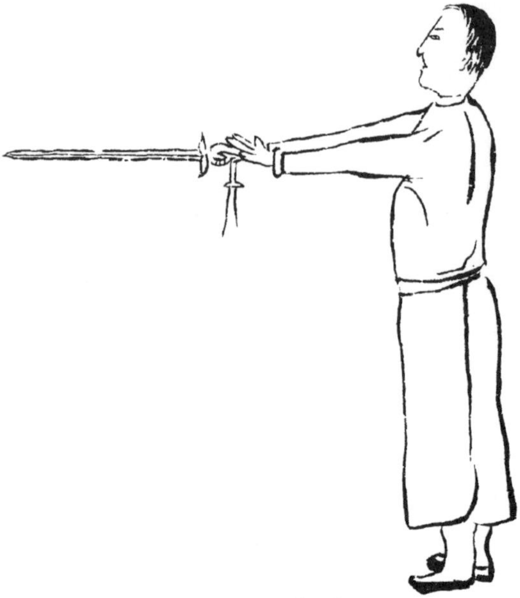

附圖5-19　斬膊圖

【注釋】

①斬膊：右足向前橫進一步，左足跟進並於右足。右手持劍向前橫推，劍刃向前。此勢李譜稱鴻雁送書。

三十六勢、托　腕①

右腿引向後，而身劍隨之，右手心復轉向上，以劍向前推之。此時身體重點復移於左腿上，右手與肩平，劍刃向右。名曰兜腕②。

（附圖五—二十）

三十七勢、下截腕③

提起右足，劍向右下截之，姿

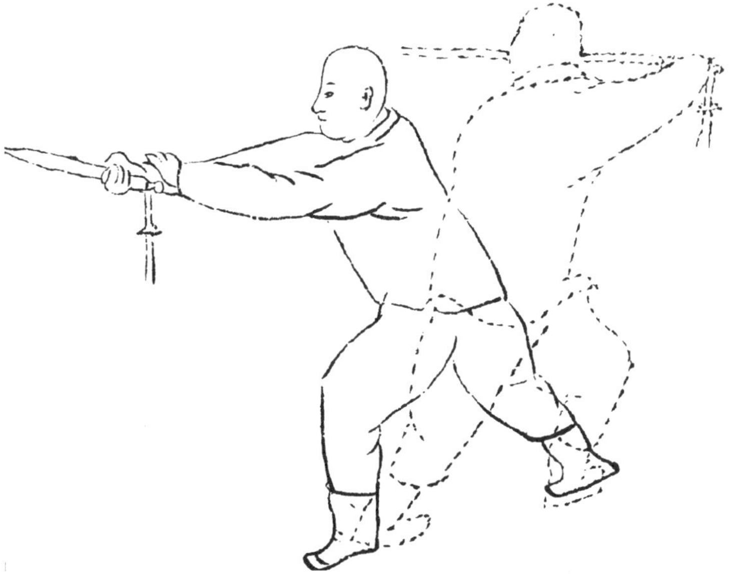

附圖 5-20　托腕圖

勢同五④勢。

三十八勢、刺　脇

刺脇同九⑤勢。

三十九勢、抱　劍

抱劍同七⑥勢。

四十勢、撕　劍

撕劍同八⑦勢。

四十一勢、外截腕⑧

以劍從下轉上截敵人之手腕，兩腳位置不動，圖同十四⑨勢。

四十二勢、收　勢⑩

隨即後退數部⑪仍成單鞭勢。

注意：除單鞭勢外，凡一動

作，兩眼須注視劍尖。

【注釋】

①托腕：右腿向右後方邁一步，劍身隨身體向右推。接著右手掌心轉向上，劍向前推，身體重心移於左腿，右手與肩平，劍刃向右。此勢李譜稱海底撈沙。

②兜腕：三合劍中的「托腕」也稱「兜腕」。

③下截腕：右足提起，右手持劍向右下截敵手腕。此勢李譜稱哪吒探海。

④五：當為「六」。

⑤九：當為「十」。

⑥七：當為「八」。

⑦八：當為「九」。

⑧外截腕：右手翻掌心向上再轉向下，做退步外截腕。

⑨十四：當為「十五」。

⑩收勢：後退數步至出勢處，仍成第一勢單鞭勢。四十一勢、四十二勢在

李譜中合稱展翅收勢。

⑪部：原文「部」字誤，當為「步」。

此劍分上下手，可以對擊。下手動作與上手相同，惟路線與次序稍異。茲以圖標示路線，以數字表示其動作之次序。

第一節　路　線（附圖五—二十一）

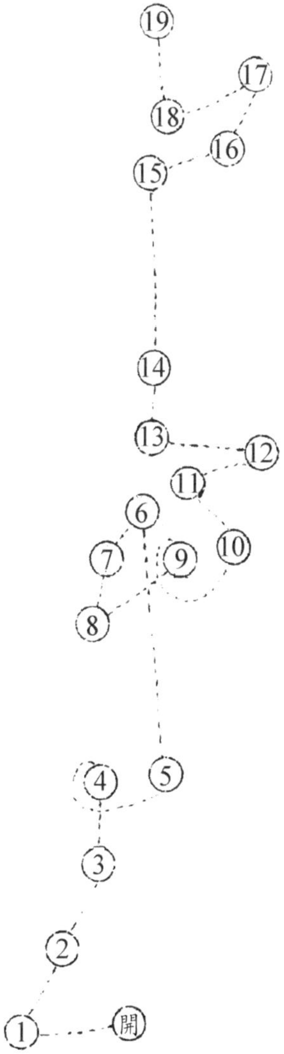

附圖 5-21
三合劍下手動作路線

第二節 動 作

一勢、外截腕

同上十五勢。

二勢、取 耳

同上十六勢。

三勢、下截腿

同上十七勢。

四勢、抱 劍

同上十八勢。

五勢、撕 劍

同上十九勢。

六勢、刺　脇

同上二十勢。

七勢、抱　劍

同上十八勢。

八勢、單展翅

同上三十三勢。

九勢、轉身截腕

同上三十四勢。

十勢、進步刺心

同上二勢。

十一勢、猛落腕成單鞭勢

同上二十二勢。

十二勢、上截腕
同上五勢。
十三勢、下截腕
同上六勢。
十四勢、刺　脇
同上七勢。
十五勢、抱　劍
同上八勢。
十六勢、撕　劍
同上九勢。
十七勢、刺　肋①
同上十勢。

【注釋】

①肋：原文「肋」字誤，當為「脅」。

十八勢、抱　劍

同上八勢。

十九勢、單展翅

同上三十三勢。

二十勢、轉身截腕

同上三十四勢。

二十一勢、斬　膊

同上三十五勢。

二十二勢、托　腕

同上三十六勢。

二十三勢、下截腕
同上三十七勢。
二十四勢、刺　脇
同上三十八勢。
二十五勢、抱　劍
同上三十九勢。
二十六勢、撕　劍
同上四十勢。
二十七勢、刺　脇
同上十三勢。
二十八勢、進步劈頭
同上十四勢。

二十九勢、單鞭勢
同上二十二勢。
三十勢、軟折腰
同上二十三勢。
三十一勢、提右足上舉劍
同上二十四勢。
三十二勢、跪左膝下截腿
同上二十五勢。
三十三勢、上舉腕
同上二十六勢。
三十四勢、仰身截腕
同上二十七勢。

三十五勢、刺脇

同上二十八勢。

三十六勢、抱劍

同上二十九勢。

三十七勢、撕劍

同上三十勢。

三十八勢、刺脇

同上三十一勢。

三十九勢、上吊腕

將劍下垂，腕上舉成九十度後收劍，退數步，作單鞭勢。

（附圖五—二十二）

附圖5-22　上吊腕圖

歡迎至本公司購買書籍

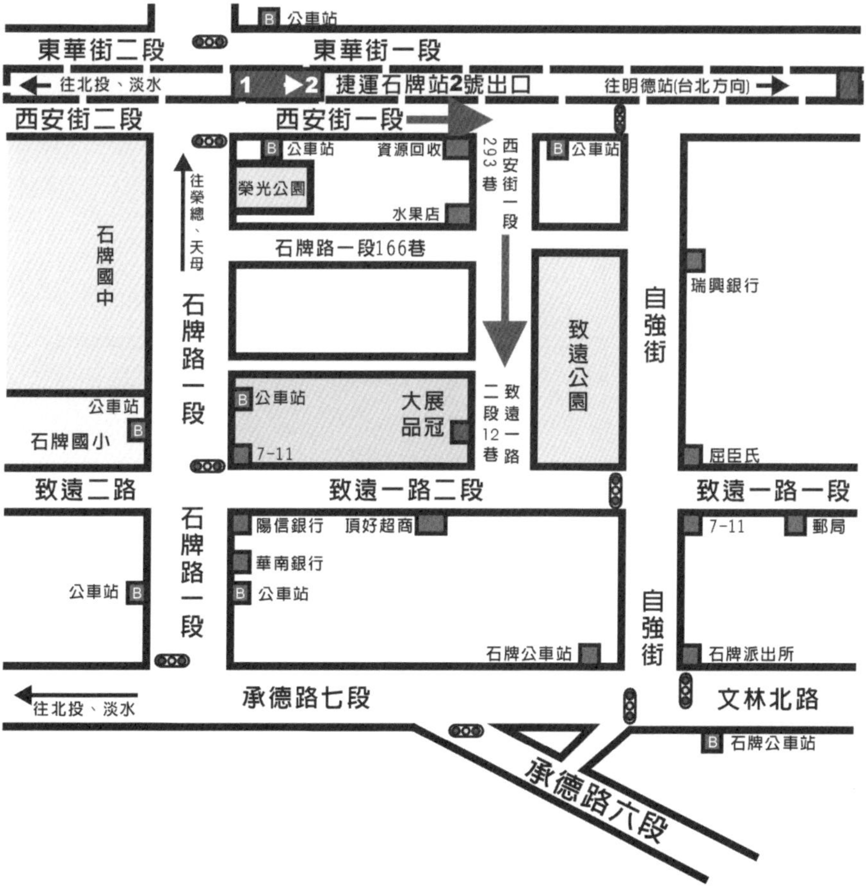

建議路線

1.搭乘捷運・公車

淡水線石牌站下車，由石牌捷運站２號出口出站(出站後靠右邊)，沿著捷運高架往台北方向走(往明德站方向)，其街名為西安街，約走100公尺(勿超過紅綠燈)，由西安街一段293巷進來(巷口有一公車站牌，站名為自強街口)，本公司位於致遠公園對面。搭公車者請於石牌站(石牌派出所)下車，走進自強街，遇致遠路口左轉，右手邊第一條巷子即為本社位置。

2.自行開車或騎車

由承德路接石牌路，看到陽信銀行右轉，此條即為致遠一路二段，在遇到自強街(紅綠燈)前的巷子(致遠公園)左轉，即可看到本公司招牌。

國家圖書館出版品預行編目資料

李存義 三十六劍譜／李存義　著　閻伯群　李洪鐘　校注
——初版，——臺北市，大展，2019〔民108.08〕
面；21公分 ——（武學名家典籍校注；16）
ISBN 978－986－346－257－6（平裝）
1. 劍術
528.974　　108009346

李存義 三十六劍譜

著　　者／李存義
校 注 者／閻伯群　李洪鐘
責任編輯／苑博洋　劉瑞敏
發 行 人／蔡森明
出 版 者／大展出版社有限公司
社　　址／台北市北投區（石牌）致遠一路2段12巷1號
電　　話／（02）28236031 · 28236033 · 28233123
傳　　眞／（02）28272069
郵政劃撥／01669551
網　　址／www.dah-jaan.com.tw
E-mail／service@dah-jaan.com.tw
登 記 證／局版臺業字第2171號
承 印 者／傳興印刷有限公司
裝　　訂／眾友企業公司
排 版 者／弘益電腦排版有限公司
授 權 者／北京科學技術出版社
初版1刷／2019年（民108）8月

定 價／300元

大展好書　好書大展
品嘗好書　冠群可期

大展好書　好書大展
品嘗好書　冠群可期